FERNANDA SCATOLIN

PLAN0

A Física das Vendas

Dados Internacionais de Catalogação na Publicação (CIP)

S 287

Scatolin, Fernanda

O plano zero: a física das vendas / Fernanda Scatolin. – Santos / SP: Edição do Autor, 2021.

192 p.;

16 x 23 cm.

ISBN: 978-65-00-29625-9 (livro impresso)

ISBN: 978-65-00-29626-6 (livro eletrônico; formato PDF)

1. Administração de empresas. 2. Empreendedorismo. 3. Realização pessoal. 4.Marketing. 5. Vendas. I.Título.

CDU 658.81

Bibliotecária Débora Zschornack – CRB 10/1390

Diagramação e capa: Roberto dos Reis Francisco

Fotos: Everton Rosa

Revisão: EDITORA ANJO - Cláudia Razzante

F.S

SE VOCÊ EXISTE, ENTÃO VOCÊ VENDE!

Fernanda Scatolin

"Não se conformem com o padrão deste mundo,
mas transformem-se pela renovação da sua mente."

Romanos 12:2

Dedicatória

Em primeiro lugar, dedico esta obra a Deus. Foi Ele quem me presenteou com cada palavra deste livro e que me deu forças para enfrentar os obstáculos do caminho.

Dedico à minha filha, Lara, a qual não tenho palavras para descrever tanto amor. À minha mãe, minha avó e a toda minha família e amigos que me incentivaram a seguir em frente para realizar esse sonho.

Agradecimentos

"Se eu vi mais longe, foi por estar sobre ombros de gigantes..."

Isaac Newton

Agradeço ao criador deste Universo. Aquele que me presenteou com a oportunidade do lindo mistério que é essa vida, Deus.

Agradeço a cada pessoa que estive em contato até aqui, mesmo que por um milésimo de segundo, porque me ensinaram algo que fez com que eu mudasse a percepção de enxergar as circunstâncias e chegasse então com a visão que tenho do mundo.

Agradeço à minha filha Lara, hoje com nove anos de idade: "Filha, obrigada por, mesmo sem entender o que significa essa obra para mim, para você e para o mundo, ter compreendido meus dias escrevendo. Você já é uma grande vendedora, independentemente da missão que tenha aqui."

Obrigada minha amada mãe, Rosana Scatolin, por me ensinar a ser corajosa e resiliente, essencial para as vendas e para a vida. Ela me ensinou sobre cair e levantar, por mais que a vida possa muitas vezes ser dura.

Agradeço à minha melhor avó do mundo, Neyde, ela foi e é minha parceira e amiga nas dificuldades e vitórias, aquela que dobrou os seus joelhos por mim e que sempre me ajudou e apoiou.

Obrigada a Isabella, minha irmã que, mesmo longe, tem um pedaço das minhas lembranças e muitas saudades.

Obrigada a meu pai, que através da carga genética, me presenteou com o dom das vendas.

Obrigada a cada familiar meu (lembro de tantos ao escrever esse parágrafo, tios, tias, primas, primos etc. e mesmo os que não tenho mais contato), vocês fizeram parte de quem sou hoje e sou grata pela fase da vida que passamos juntos, vocês levaram um pedaço do meu amor e eu fiquei com um de vocês. Apesar da distância, tenho muita gratidão.

Acredito que Deus levanta homens, mulheres, amigos ou, quem sabe, anjos para concluírem uma obra quando é um Movimento onde Ele está a frente e que vai impactar milhões de pessoas.

E assim foi com O Plano Zero - A Física das Vendas.

Agradeço igualmente aos meus opositores que, em algum momento, achei que me faziam mal, mas ao contrário, me fortaleceram para escrever esta obra, afinal, é na dor que ficamos mais fortes.

Sei que o desejo mais profundo dessas pessoas é se libertar da maior guerra de todas: Nós Mesmos. E o Plano Zero também veio para ajudá-los a saírem dessa prisão.

Definitivamente, eu teria que escrever um outro livro com todas as pessoas que são especiais para mim, entre clientes, empresas, amigos e familiares, mas saibam que gravei cada um de vocês em mim e na minha eterna gratidão.

Enfim, agradeço a você que lê esse livro. Sei que algumas pessoas podem ter a vida e as vendas totalmente transformadas ao final desta obra, mas, se você conseguir aumentar nem que seja em 1% a sua maneira de pensar sobre a Física da Vida e a sua percepção sobre as vendas, eu me sentirei cumprindo a missão de fazer a sua vida e de outras pessoas melhor.

Não é você que vai ler O Plano Zero, ele vai ler você!

Eu tenho que te contar que este livro, que olha para você, neste exato instante, talvez seja o mais profundo que você tenha lido.

Será a experiência mais íntima e secreta que você poderia acessar. Agora, vocês dois são um.

Ele saberá de todos os seus segredos e você, os dele.

Sabe que para prosperarmos, realizarmos nossos sonhos, vendermos mais, enfim, termos sucesso, achamos que precisamos conhecer cada vez mais sobre diversos assuntos.

Seguimos um padrão de uma ordem inversa. Primeiro desejamos conhecer e dominar toda ciência, toda cultura, as pessoas, conhecemos o mundo, sem antes conhecermos profundamente e dominarmos a nós mesmos, não é?

Há muitos anos, carregamos em nosso DNA um plano que não era para ser nosso.

E a maneira de pensar e agir sobre Vendas, está absolutamente envolvida nesse DNA, porque ela exerce um papel fundamental no comportamento humano e nas reações que provém dela.

É possível impactar direta ou indiretamente o homem ou a natureza através da escolha do que vender e de como vender, no que tange à força, movimento, energia, entre outros fenômenos da relação humana.

Podemos desenvolver uma guerra mundial através de uma Venda, vender um câncer, vender mais doenças, um vírus ou acelerar o fim do planeta. Por outro lado, podemos vender A

Cura de Milhões de pessoas, a limpeza do planeta, alimentar a fome, o incentivo à paz. Vender um novo movimento de vendas para o mundo, que é o motivo pelo qual, escrevo a vocês aqui.

O caminho das vendas, a qualquer custo, nos trouxe ao caos que vivemos hoje, mas o caos não iniciou nas vendas e, sim, antes dela.

E na minha mera observação de fenômenos naturais, do homem e da Física, desenvolvi essa tese que apresentoa vocês para, juntos, mudarmos o rumo do nosso Planeta.

Antes de dominar a arte das vendas, você vai dominar um fenômeno secreto. Farei você viver a experiência em um campo altamente disponível a você, mas acessado por poucos.

Você vai ter um encontro com sua missão de vendas nesta Terra.

Desse modo, a missão do Plano Zero, é ensinar você a descobrir e vender a sua missão.

Nos vemos em breve,

Boa viagem...

Depoimentos

" O Plano Zero para mim foi incrível, porque a Fernanda é uma pessoa maravilhosa, uma mulher de garra. Nunca imaginei que eu pudesse querer empreender, eu que sou da área da saúde. Nunca pensei em ser uma empreendedora, mas hoje com a mentoria dela eu destravei muitas coisas, deixei muitas crenças de lado e ela está sempre conosco. Hoje sou apaixonada pelo que eu faço e pela venda."

Emanuele Freixo
Empresária na área de Alimentação Saudável

"Tive o prazer de conhecer a Fernanda através de uma grande amiga e hoje vivo a experiência de ser uma das suas mentoradas.

A Fernanda é dona de uma energia incrível e de um conhecimento profundo, no mundo real das vendas.

Sua experiências com marketing e vendas vão além de números. Tem o dom de conectar as pessoas, unindo o propósito a cada necessidade, todo o seu trabalho é desenvolvido e entregue com muito propósito e amor!"

Camila Guimarães O. Antunes
Empresária e Cirurgiã Dentista

"O que eu conquistei neste semestre de 2021 com o PLANO ZERO? Eu conquistei a possibilidade de trocar a minha mentalidade e tirar pensamentos e crenças limitantes, que me afastavam do que eu tenho para entregar. Me afastavam da missão nas minhas áreas de atuação, e agora vou retirar os projetos do papel, vou ter ações mais assertivas e vou poder fazer o meu melhor, exatamente pelo conhecimento que estou adquirindo com a Fernanda, através do PLANO ZERO que ela desenvolveu.

Tudo que venho aprendendo com ela nesses dias e meses está sendo para mim uma descoberta a qual sou muito grato."

Alexandre Araujo
Empreendedor no Ramo Alimentício

" Desde que eu iniciei a minha caminhada com a Fernanda Scatolin, a minha visão sobre vendas e a relação que eu tinha com vendas mudaram. Acredito que a maior lição é de que não adianta eu montar uma estrutura e acumular formações se eu não souber me vender. Esse foi o momento de eu parar de ver a venda como uma ameaça e enxergar como uma oportunidade. Sim! A venda não é mais um monstro para mim e eu preciso dela pra que a minha mensagem chegue às pessoas e que minha missão seja cumprida, e a Fernanda Scatolin, através do PLANO ZERO, me ajudou e tem me ajudado a fazer isso."

Débora Oliveira
Administradora de Empresas e Treinadora Comportamental

"O que eu demoraria anos para perceber, a Fernanda, em questão de minutos, conseguiu fazer com que eu entendesse; me destravar muitas coisas, muitas crenças que eu tinha, coisas que eu achei que não iam dar certo. Coisas que me impediam de caminhar e andar pra frente, e com as técnicas de vendas da Fernanda com a experiência dela para nossa missão de vida, aprendi que vender é fazer conexões, e a Fernanda tem um Networking absurdo! E ela entrega tudo mesmo! Entrega tudo que ela pode entregar, ela dá o máximo dentro do PLANO ZERO, para poder fazer você crescer."

Raphael Mamede
Hipnoterapeuta

"A minha experiência com o PLANO ZERO foi fundamental, tanto para minha vida pessoal, quanto profissional. É impactante a forma com a qual Fernanda olha e consegue aplicar as ferramentas de uma forma tão profissional, mas ao mesmo tempo tão humana,com certeza é esse o seu diferencial,pois ela traz a clareza com uma empatia ímpar.

Mesmo com muitos conhecimentos teóricos,e tendo já muita vivência e experiência,o PLANO ZERO veio para trazer mais clareza e ressignificar muitas coisas com as quais nem imaginava que poderiam ser o meu "START". Gratidão, Fernanda, por você exercer com tanta maestria o seu chamado."

Josiane Palaoro

Consteladora Familiar Internacional

" Eu carregava algo que não era meu. Eu entendi que era dos meus parentes, eu já tinha entendido que era algo deles, era algo da minha família que vinha há tempo, mas eu não tinha conseguido quebrar o ciclo e, no momento em que a Fernanda fez a dinâmica do Zero Absoluto, eu consegui quebrar. Era uma dor que aprisionava o meu coração e então eu senti que me libertei e isso aqui foi algo desbloqueador na minha vida. E olha que já passei por muitas coisas assim, e eu precisava me libertar, mas não tinha conseguido e hoje eu posso dizer que é como se eu tivesse realmente soltado o meu coração.

Outra grande mudança com o PlANO ZERO foi eu enxergar que eu tinha que me conectar com as pessoas com o olhar de amor, sem julgá-las, e isso fez toda a diferença na minha vida e nas vendas. Hoje estou Livre! Obrigada, Fernanda!"

Edimara Brunismann

Empresária no setor de Imóveis de Alto Padrão

"A Fernanda entrou na minha vida por intermédio do MySelf Club. O Everton Rosa nos apresentou e, desde que eu a conheci, logo percebi que havia algo entre nós, uma coisa que, até então, era inexplicável e que nos aproximava. Eis que passei a conhecê-la melhor e a identificar o Espírito Santo falando nela, agindo por meio dela. Vez em quando, ela ousava escrever ou ler alguns textos antes, durante e após algumas reuniões. Isso fez com que eu aprofundasse a minha pesquisa e despertou a minha curiosidade com relação aos seus vídeos, poemas e mensagens no seu Instagram. Qual foi a minha surpresa quando acessei as redes e descobri uma Fernanda poetisa e que, com a sua poética, despertou o meu encantamento. Considero-me uma profissional da linguagem, por ser professora de escrita criativa e muito me alegro ao lembrar-me do dia em que ela me telefonou. Desde aquele telefonema, tenho LIDO uma Fernanda diferente, e melhor, todos os dias, que vai das vendas para além do relacionamento humano, incluindo as boas conexões e as infinitas conversas. Uma Fernanda que é muitas; complexa, porém simples. Sofisticada, mas humilde. Falante e, aparentemente, desatenta, embora sempre muito ligada, conectada e dedicada a ouvir. Essa escuta atenta é percebida nos seus textos, os quais tive o prazer de ler. O Plano Zero é o primeiro de muitos best sellers que ainda virão por aí, já que a Dona Scatolin não visa o lucro pelo lucro e preza pela sua missão, pelo seu desígnio, pelos seus dons; com coragem, amor, determinação, fé e doação. Parabéns, Fernanda, e muito obrigada pela oportunidade, pela confiança e, sobretudo, pela possibilidade de poder compartilhar teus aprendizados com o mundo! Te amo em Cristo... que Deus te abençoe sempre, a ti e aos teus. Com amor,

"Prof. Edi" (@dilu_elo8

Prefácio 1

"Se você existe, então você vende!"

Esta é a frase que abre este livro e você, leitor, já deve ter sido impactado por ela, talvez até se questionando sobre seu sentido. Ora, não se espante, mas ela encerra uma grande verdade: tudo é venda. Você pode vender produtos ou serviços, mas também sua imagem pessoal, um conceito, uma ideia, um argumento. E nisso, a Fernanda Scatolin é expert: vender. Vender é o processo de convencer alguém sobre algo. Acontece, portanto, em todos os setores da vida. Atendo-nos ao sentido mais popular da palavra, é a arte de fazer com que alguém pague por um produto ou serviço. Mas aqui você não irá encontrar apenas técnicas de negociação ou convencimento. "O Plano Zero" vai muito além disso, pois irá despertar em você, primeiro, o desejo de se reconectar consigo mesmo, compreender seu papel no mundo e sua missão no âmbito das vendas para, apenas a partir daí, tornar-se uma verdadeira máquina de vendas. A Fernanda é especialista em vendas, com larga experiência na área, e consegue condensar muito bem nesta obra diversos conceitos, estratégias, insights e ensinamentos. Mais do que isso, suscita reflexões importantes. A ideia do Plano Zero é fazer um retorno ao Zero Absoluto, conceito físico em que todo movimento de uma matéria é igual a zero. A autora defende muito sabiamente ser necessário chegar a esse estado, silenciar e acalmar as tribulações externas para se compreender melhor e, então, compreender sua missão no mundo, enquanto pessoa que vende algo. Sobre vender, gostaria de acrescentar um apontamento. Vivemos uma sociedade global altamente digitalizada e disruptiva. Neste cenário, o "mercado" deixou de ter âmbitos locais ou regionais, e passou a ser mundial. Hoje, a concorrência pode estar do outro lado do planeta, vendendo pela internet, e você tem que estar pronto para competir. Faz-se, então, necessário, utilizar da criatividade e da inovação para se manter relevante e garantir diferenciais competitivos. Uma das formas de estimular a criatividade e a inovação pode ser justamente exercitando o Zero Absoluto. Ora, ao se reconectar com seu propósito e entender o seu papel no mundo, você terá uma melhor visão sobre você, seu negócio, seu produto, sua concorrência e o mercado em geral, podendo, assim, traçar melhores estratégias de vendas. Prezado leitor, você tem em mãos um rico manual, traçado por uma grande professora e mentora de vendas. Não desperdice a chance de degustá-lo, aprenda e apreenda todo o saber aqui contido e aplique na sua vida. Certamente, servirá não apenas para vender mais e melhor, mas para ser uma pessoa mais consciente de sua posição em meio ao grande turbilhão de informações que é nossa existência. Uma boa e proveitosa leitura!

Janguiê Diniz
Controlador do Grupo Ser Educacional
Presidente do Instituto Êxito de Empreendedorismo

Prefácio 2

Sobre o Livro: O Plano Zero

Como você se projeta? A imagem que enxergam de você está de acordo com seus princípios e com sua fé?

Como pastor vejo, nas Escrituras Sagradas, uma série de condutas a serem adotadas por pessoas que desejam ser bem-sucedidas na vida e agregar riquezas, onde a quantia monetária é apenas um de seus aspectos. Ser rico, de acordo com a Palavra de Deus, é conhecer Cristo Jesus, saber Seus princípios e valores, entender Sua compaixão e compartilhar Seus sofrimentos.

Em Sua caminhada pela Terra, Jesus nos deixou uma série de lições, conteúdos de valor e maneiras de conduta que garantiram o sucesso da Sua missão, ao longo dos anos em que esteve entre nós, como homem.

Dentre tantas coisas a serem observadas na caminhada de Jesus, quero destacar uma: fidelidade ao propósito. Essa era a força motriz por trás de Jesus Cristo. Ele não gastou Sua vida por nada além disso. Seu foco era cumprir o propósito que seu Pai, o próprio Deus, havia confiado a Ele. Foi o propósito que O fez suportar toda a perseguição sofrida pelo sistema religioso da época, e tudo isso à medida que confundia toda a sociedade, ao Se aproximar daqueles que eram considerados marginais.

Nossa geração tem passado por uma crise de propósito. Ainda que suas intenções sejam extremamente boas e genuínas, como nutrir laços familiares, ser referência nos negócios, construir uma identidade comercial respeitada, sem o verdadeiro conhecimento do propósito, ou seja, desse design eterno projetado pelo próprio Deus, não teremos direção, tampouco receberemos força para atravessar as muitas adversidades da vida.

Como manter-se firme, em tempos de crise? A quem recorrer quando as decisões não valem os riscos? É sobre isso que se trata esta obra. Ela foi formatada para que pessoas comuns encontrem seu verdadeiro potencial baseadas apenas em uma coisa: o seu verdadeiro propósito.

Ao descobri-lo, você será capaz de, não somente, bater metas, realizar sonhos ou ser imbatível diante dos seus concorrentes. Na verdade, você será incentivado também a ensinar outros, começando por você e a sua equipe, a encontrarem o Verdadeiro Caminho a seguir, de acordo com as habilidades já existentes em cada um, tal qual nos comissionou Jesus Cristo: "E ser-me-eis testemunhas, tanto em Jerusalém como em toda a Judéia e Samaria, e até aos confins da terra." Atos 1:8

Testemunhar é garantir que o método aplicado funciona para o que se propõe. Por isso, corra em direção ao seu propósito e seja realizado a ponto de encorajar a outros para que vivam também essa missão.

Isso é que Fernanda fez aqui.
Boa leitura,
Luiz Hermínio Ministério MEVAM

Apresentação

Não tenha medo de começar de novo.

Se você estiver aberto para aprender todos os dias, então você está pronto para evoluir.

Se você não se sente pronto o bastante, lembre-se desta frase:

Um pássaro quando aprende a voar, ele sabe mais de coragem do que de voo.

A liberdade está na sua coragem.

Lembre que tudo que traz medo, aprisiona.

A liberdade que falo aqui é a que liberta a sua mente e o seu espírito.

Comparo o medo com gigantes que criamos em nossa mente.

O gigante que vence é aquele que você mais alimenta. Você pensa nele, fala dele, o sente e, então, ele fica maior do que seus sonhos e do que você mesmo.

Quem age na sua vida é você ou são os gigantes que cria? Existem dois tipos de medo:

O medo positivo e o medo negativo.

O primeiro é aquele medo que foi instaurado na sua mente, aquele que depois de você ter colocado o dedo na tomada e ter levado um choque, você entendeu que não poderia mais fazer isso, porque tomaria o choque novamente. Ou alguém ensinou voce a não fazer isso, instalando um medo real para proteção da sua vida.

O medo negativo é aquele que sua mente criou por associar

alguma situação a outra que não existe. Ele impede você de se renovar, o que é essencial para evolução.

Escreva:

Do que você tem medo?

Por que você tem medo?

O que pode acontecer se você passar por esse medo e conseguir executar o que quer?

Sua mente criou essas barreiras e, da mesma maneira que por algum motivo esse medo foi fixado na sua mente, se você estiver fortalecido no que deseja que aconteça na sua vida e não no que não quer, você terá coragem de enfrentar esse medo e então fixar uma nova imagem e sentimento na sua mente: a coragem para enfrentar qualquer situação e escancarar todas as portas para cumprir o seu propósito de vida e de vendas nesta Terra.

Você cria o que sente.

E confesso que somente assim você vai dar o próximo passo para o nível que Deus quer te levar.

Você precisa apenas: IR! E então, você experimentará o "depois do medo" e verá milagres acontecendo!

E por isso afirmo que, todos os dias, você deve experimentar o novo, porque na medida que sua mente expande, ela está aberta para viver experiências novas todos os dias na sua empresa, no seu casamento, conhecendo e aprendendo com todos os tipos de pessoas, expandindo seus negócios pelo mundo, expandindo sua marca e legado para o maior número de pessoas. Não é sobre ser famoso, mas sobre deixar a sua marca no mundo e fazer a diferença para as próximas gerações.

O Plano Zero é mais que um Treinamento de vendas, expansão de marcas digitais ou expansão de empresas pelo mundo, ele é um Novo Começo de Vida, todos os dias.

Se eu voei, tenho certeza que você também pode voar! O Plano Zero está aqui para isso.

Sumário

Nota introdutória

A GARANTIA DE RIQUEZA É IMPULSIONADA PELAS VENDAS PARA MANTER A CHAMA ACESA DO CAPITALISMO, EM CONSTANTE MOVIMENTO GLOBAL!

Falar de vendas é falar em desafios constantes que movem a humanidade, seja pela competitividade pessoal, profissional ou ideológica, visando uma constante superação para sempre chegar ao pódio, onde normalmente são apresentados os primeiros colocados em uma determinada prova ou competição, subindo apenas os três primeiros vencedores.

Destaco com louvor o grande filósofo, economista e pai da economia moderna, o Adam Smith, que criou o conceito "A Mão Invisível". Encontramos abrigo seguro em uma explicação bem consolidada em seu livro "A Riqueza das Nações", publicado em 1776: o conceito da mão invisível que é assegurar um mercado livre com autorregulação, sem a necessidade da intervenção do Estado.

"A mão invisível do mercado" foi uma analogia empregada pelo filósofo e um dos mais importantes teóricos do liberalismo econômico, Adam Smith, para explicar como, numa economia concorrencial, a busca pelo interesse individual pode resultar em melhoria do bem comum. Segundo o pensador escocês, há um mecanismo natural no mercado que distribui socialmente, de alguma maneira, os ganhos individuais. A prosperidade das nações resulta da atuação das pessoas que movidas, sobretudo, pelo seu próprio interesse, promovem o crescimento econômico e a inovação tecnológica.

Ao meu entender, as vendas de qualquer produto ou serviço são uma arte, pois convencer o mercado consumidor que ele tem que comprar o seu produto é uma missão árdua e difícil pela grande competitividade, é por isso que parabenizo e acredito que o trabalho que a Fernanda Scatolin Martins disponibiliza para o mercado, por meio do seu livro O Plano Zero – A Física das Vendas, é sobremaneira significativo e que, com certeza, vem agregar valores inestimáveis ao mercado editorial de relevo global.

Sucesso sempre em toda a sua trajetória de vida!!!

Dr. JOSUÉ DOS SANTOS FERREIRA
Presidente do Instituto de Estudos Legislativos Brasileiro – IDELB
Fundador do Centro de Reabilitação e Reinserção Social de Dependentes de Drogas – Amor pela Vida
Embaixador da Paz pela Universal Peace Federation – UPF

Queridos leitores

Embora existam tantas definições de grandeza, quanto de pessoas, a grandeza geralmente inclui: ter um impacto especial sobre outras pessoas, ser reconhecido por outras pessoas e fazer coisas que levem a uma mudança positiva na vida de outras pessoas.

Nem toda grandeza envolve fazer pelos outros. A grandeza espiritual interior também é grandeza. As pessoas que alcançam seus próprios objetivos pessoais, como escalar uma montanha que ninguém jamais escalou, também têm grandeza. Mas, para a maioria das pessoas, o caminho para a grandeza envolve fazer grandes coisas que influenciem outras pessoas, ou seja, ser um líder.

A Ética dos Pais, um dos livros centrais da sabedoria judaica, diz: "Em um lugar onde não há líderes, esforce-se para ser um líder". Os sábios estavam falando para a pessoa que não tem necessariamente o grande talento, que o torna um líder natural. Eles aconselham a olhar para o que precisa ser feito no mundo, onde há uma grande necessidade, e fazer o possível para fazer algo a respeito.

Fernanda Scatolin é uma mulher que encontrou seu propósito e essência:

"Compartilhar com o mundo a arte de vender."

Ela encontrou uma lacuna que ainda não havia sido preenchida por nenhum expert ou mentor de vendas e eu sei a razão, ela percebeu que vender é transformar pessoas, que vender é impactar vidas e que a venda só se perpetua quando é utilizada como ferramenta aliada a um propósito nobre maior.

O Plano Zero, da extraordinária Scatolin, lhe ensinará que a maneira de desenvolver a liderança em vendas é focar em um talento específico que você possui, que o motiva, e usá-lo para desenvolver influência.

Alguns se tornam líderes devido a seus talentos e habilidades natos. Mas todos podem causar impacto vendo o que o mundo precisa e fazendo algo eficaz e significativo a respeito.

Eu sempre digo que o objetivo da vida é prosperar, não sobreviver e a nossa sagrada Torá nos ensina:

"Eu me coloquei diante de você hoje, vida e morte... Escolha a vida"

Quando estamos prosperando, nos sentimos vivos. Quando estamos sobrevivendo, nos sentimos mortos. O modo próspero é um modo crescente e criativo. O modo sobrevivente é um modo auto-absorvido e de autopreservação.

Confiem em mim e tenham a certeza de que esse livro irá contribuir muito em sua prosperidade material, porém com a ênfase verdadeira em se descobrir rumo a missão de ser a melhor versão de si mesmo.

Parabéns, querida amiga Fernanda.

Que sua obra transcenda os limites das crenças limitantes que até hoje aprisionam milhões de mentes brilhantes.

Sorria com Alegria e Venda com muita Sabedoria!!!

Shalom e a muita Benção.

Rabino Sany Sonnenreich
Apresentador do programa Rav Sany Live Show na Tv Gazeta.
Presidente do Instituto Rav Sany - Ceo do Grupo RS e
Diretor da entidade Olami Faria Lima que faz parte de uma
rede com 320 unidades pelo mundo, focadas em
direcionar o público jovem a uma vida de valores.

Parte 1

A Física das Vendas

O Início

Estava correndo na praia, em mais um dia, em meio a tantas outras corridas e simplesmente, eu não pensava em nada.

Passava por um momento um tanto turbulento da minha vida, em todas as áreas, e foi uma fase em que eu comecei a conversar muito com Deus e a meditar.

E foi durante essa corrida que veio exatamente isso na minha mente:

RETORNE AO ZERO ABSOLUTO E SABERÁ QUAL É O PLANO

Eu chorei, corri, sorri, corri mais forte. As minhas pernas começaram a correr mais e mais rápido. Depois, eu pensei: "Quem teve essa ideia? Não fui eu!"

Assim, iniciei a busca por essa voz, ou quem sabe, loucura!

Comecei a estudar incessantemente e logo, encontrei aquilo que Roland Barthes chamou de O Grau Zero da Escritura[1].

---

[1] Em uma associação livre, este conceito do campo da semiótica, semiologia e da crítica literária ou da linguística poderia ser associado ao zero absoluto mencionado aqui como transcendental ao processo.

Tudo então fez sentido, entendi O Zero Absoluto e toda a mensagem e assim nasceu: **O Plano Zero - A Física das Vendas.**

Tenho que contar que, antes dessa corrida, há tempos eu buscava essas respostas:

Qual o sentido das vendas?

Quais consequências que as vendas impensadas e egoístas trouxeram e trazem ao mundo?

O que nascemos para vender nesse mundo?

Em toda relação humana existem vendas?

As vendas do ser humano determinam a cultura das próximas gerações?

Como as vendas impactam pessoas, países, movimentos, guerras e a paz?

Onde devemos colocar energia para movimentar as vendas sustentáveis para o mundo?

O que pode levar as pessoas a venderem algo com propósito?

Se o homem aumentar sua auto-consciência, suas vendas serão vendidas com propósito, como uma missão?

E então, procurei todas essas respostas através da mensagem dessa corrida e comecei a observar com mais atenção os detalhes dos fenômenos da natureza, das Teorias da Física e de Vendas.

Resolvi compartilhar com o mundo a mensagem que recebi, afinal,

VENDER É: ESPALHAR = EXPANDIR = AUMENTAR = IMPACTAR = ILUMINAR = AJUDAR = RESOLVER = MOVIMENTAR = TRANSFORMAR.

E todos esses conceitos, coincidentemente ou não, também encontramos na Física e na natureza.

O Plano Zero vai fazer você retornar ao seu Zero Absoluto para que cada movimento seu com as vendas impacte o seu e o mundo das próximas gerações.

Eu poderia iniciar esse livro te entregando todas as técnicas e ferramentas de vendas para você sair vendendo e fechando grandes negócios, amanhã mesmo.

Mas O Plano Zero vai além disso.

Você pode virar, sim, uma máquina de vendas, mas depois de você entender que o objetivo das suas vendas tem que ser maior do que você. Quero que encontre o sentido das suas vendas, para juntos, iniciarmos um Movimento de colocarmos a Terra na sua ordem. Vamos desorganizar o que não está certo e organizar o que está fora do seu eixo. Esse é O PLANO ZERO.

E, para encontrar o sentido das suas vendas e entender a sua missão através delas, precisamos antes falar do que está por trás das vendas: você, eu nossos clientes, o mundo em que vivemos e o mundo que auxiliaremos para as pessoas.

Há alguns anos eu já buscava respostas sobre o sentido da vida e foi voltando para dentro de mim que tive todas as respostas.

Retornar ao Zero Absoluto faz você entender a desordem para retornar à ordem, assim como entender a sua missão aqui na Terra.

É retornando ao Zero que conseguimos fazer as mudanças necessárias. E nesse instante, sem desprender energia, ao retornamos para dentro de nós, conseguimos entender quem somos, para o que viemos e entender nosso legado aqui na Terra.

Na filosofia, a teoria da entropia mede a degradação da energia e inclui o fato de que nem toda energia está no sistema inicial ou no corpo e pode ser encontrada no corpo final em qualquer mudança física.

A entropia está ligada à perda de energia e à desorganização, através de uma injeção de novas energias geradas a partir de outros processos de fora do sistema, ou até mesmo de energia inútil.

Etimologicamente, o termo entropia se originou a partir do grego *entropêe*, que significaria "em mudança". Seja nos termos conceituais das línguas, nos conceitos exatos e quânticos ou no campo filosófico, fala-se em mudar, movimentar e esta é associação com O PLANO ZERO!

Sempre fui uma observadora nata do Universo e das Pessoas, mas para entender melhor essas conexões da Física com o comportamento humano, especificamente com as vendas, resolvi pesquisar e estudar mais sobre o assunto. Acabei encontrando a Entropia Psíquica, que diz respeito às emoções negativas.

A tristeza, o medo, a ansiedade ou o tédio produzem desordens na mente. São momentos de entropia, durante os quais não podemos usar a atenção da mente para realizarmos tarefa alguma.

Assim, tomamos decisões na nossa vida, na maioria das vezes, por interferência de terceiros, por circunstâncias externas, por experiências anteriores e hábitos criados por costumes inconscientes.

Dessa maneira, construímos um verdadeiro caos. Cada decisão feita sem a atenção à autoconsciência, nos leva a um caminho que não seria o caminho que deveríamos seguir. Mas ainda assim, no caos, nos foi presenteado escolher se vamos continuar em meio a ele e nos autodestruir ou se retornamos ao Zero Absoluto para nos regenerarmos para, assim, seguirmos o caminho certo. Cada vez que há a regeneração, há a autoconsciência e esta coloca tudo em sua devida ordem.

Antes de você ter abundância no que você vende, você deve saber o que tem que vender neste mundo. E o Zero Absoluto é o caminho.

Meu propósito é que, depois de você ler este livro e de aplicar os conceitos aqui contidos, entenda qual a sua missão de vendas e que comece a desenvolver o seu Plano de Vendas, tomando as decisões certas e cumprindo o seu legado.

Você começará a emitir sinais e se conectará com as pessoas certas, atrairá conexões potentes, e estabelecerá os desbloqueios necessários para impedir qualquer crença sobre sua missão e sobre as vendas.

Você terá o poder de converter a sua energia para entrar em um eixo onde foi escolhido para cumprir sua missão de vendas para o mundo.

Entenda que não nascemos programados para seguirmos uma vida preestabelecida pelos nossos pais, tutores ou o que a sociedade estabeleceu para nós, mas, sim, pelo Plano Divino e nele há muitas vendas. Seja bem-vindo ao Plano da Física das Vendas, o Plano exato que vai transformar tudo o que você já viu ou ouviu sobre vendas.

Para entender melhor sobre o que tudo isso tem a ver, falarei brevemente sobre quem eu sou, caso ainda não conheça a minha história. Afinal, não tem graça ler um livro que vai transformar sua vida e sua vendas, sem ter intimidade com a essência de quem escreveu.

Prazer, Fernanda Scatolin! 1

Olá! Quem fala aqui é a Fernanda, nascida em São Paulo e criada em Santos, litoral de SP.

Atéos quatro anos fui criada pela mãe solteira e pela minha avó, com poucos recursos financeiros.

Com quatro anos, a minha mãe se casou e passei a viver uma transformação radical nessa fase. Da infância com poucos recursos fui "promovida" à criança rica. Nessa época, estudei e morei nos melhores lugares da cidade.

Lá pelos meus nove anos, vendia os meus papéis de carta na escola ao invés de trocá-los, mesmo não querendo lucro e não entendendo o que estava fazendo.

Aos meus 14 anos, vivenciei a separação da minha mãe e, depois, o falecimento do meu padrasto. Desde então, até os 16 anos, passamos pela fase da mudança de casa, escola e estilo de vida.

Nessa época, lembro-me que a minha mãe não tinha dinheiro nem mesmo para ir ao mercado.

Depois desse choque de realidade, financeira, mental e intelectual, ainda com 16 anos, eu resolvi comprar bijuterias para revender às amigas.

Aos 17, escolhi estudar Direito. Achava que se fosse promotora de justiça, advogada ou juíza eu seria considerada "alguém de sucesso na vida".

Com muita dificuldade financeira, morei em mais de dez lugares diferentes, entre pensões e casas de amigos e trabalhava como vendedora no shopping.

O que eu ganhava mal pagava moradia e comida. Tudo era muito difícil!

Por muitas vezes, comi miojo todos os dias, porque era o que dava para comprar.

Lembro de levar cenoura e banana de marmita para almoçar no trabalho e comia escondida das pessoas, com vergonha, no estacionamento da empresa.

Em outra ocasião, aluguei um quarto muito simples onde fui roubada. Levaram tudo, não ficou uma única peça de roupa... Enfim, eu teria tantas histórias para compartilhar aqui, que fugiria do nosso foco, mas conto para vocês em outra ocasião, quem sabe em um próximo livro.

Na caminhada eu vendi: bijouterias, roupas, carros, casas, máquinas de cartão de crédito, telefones, linhas telefônicas, reagentes químicos para cientistas, suplementos, estudei quatro anos de Nutrição e também me formei em Marketing (na busca de um título que me trouxesse realização).

Ainda tive Loja de Suplementos, vendi a ideia de médicos e nutricionistas trabalharem para mim, vendi cursos de Neurociência, palestras de PNL, seguros e grupos de Networking para grandes empresários. Fui CEO de uma empresa americana e me conectei com homens e mulheres poderosos.

Fui destaque em vendas em todas as empresas que trabalhei e em tudo o que vendi.

Depois de iniciar estudos sobre Neurociência, para meu autoconhecimento entendi uma coisa: EU ERA (E AINDA SOU) APAIXONADA POR VENDAS e é que isso que vim fazer nesse mundo.

Percebi que jamais me sentiria realizada se continuasse dando tudo de mim para fazer algo que não correspondesse a quem sou. Assim, a minha busca nunca acabaria. Joguei fora o autojulgamento, as críticas, a culpa e o vitimismo e, principalmente, o julgamento alheio.

Entendi que o meu legado seria entregar para as pessoas o que eu tinha em mim: Ensinar vendas! Mas, com uma diferença: fazer com que as pessoas se conscientizem que existe uma missão de vendas que cada um nasceu para cumprir .

Entendi que Retornar ao Zero Absoluto é o segredo e o Plano para o sucesso de vendas de qualquer pessoa. Meu objetivo é transformar o mundo em uma grande máquina de vendas com o Plano Divino que recebi, com a missão do que cada um deve cumprir aqui. Para isso, assim como aconteceu comigo: "Vou te convidar a retornar ao seu Zero Absoluto."

O Zero Absoluto 2

Então, depois daquela corrida que contei para você na página cinco, iniciei a busca da mensagem que tive.

O ZERO ABSOLUTO é o limite inferior da temperatura na Natureza. É a menor temperatura teórica a qual um corpo pode chegar.

Trata-se do limite inferior da agitação térmica e corresponde a um estado físico em que toda energia de um sistema é igual a ZERO, a temperatura atingida equivale a – 273,15 °C ou 0 K. Isso corresponde a todo movimento interrompido em um sistema, (corpo).

A definição do zero absoluto foi feita por Lord Kelvin, como era chamado na Segunda Lei da Termodinâmica. Ele foi um matemático e físico britânico. Nasceu em 1824 e morreu em 1907. Nasceu em Belfast, Irlanda do Norte, com o nome de William Thomson. Aos 68 anos de idade, receberia o título de nobreza de Primeiro Barão Kelvin de Largs, pela grande importância de seu trabalho científico. (HEWITT, Paul G, Física Conceitual - 9ª ed - Bookman, 2008)

De acordo com Segunda Lei da Termodinâmica, se algum sistema atinge a temperatura do Zero Absoluto, sua entropia torna-se nula.

Entropia é uma grandeza física que tende a aumentar naturalmente no Universo. É a medida do grau de desordem de um sistema, sendo uma medida onde não há energia.

Físicos, eu não criei nenhuma outra Lei da Termodinâmica, o que faço aqui é uma analogia de como utilizar o Conceito da Entropia para tomada de decisão na nossa vida, nas vendas e como devemos utilizá-la. Esse seria o resultado da importância de eventualmente parar, não colocar energia alguma, porque, ao pararmos, analogicamente comparo que retornamos ao Zero Absoluto para decidirmos na ordem, no silêncio e fora do caos, onde escolhemos aumentar a temperatura.

Essa é a importância de, eventualmente, diminuir a temperatura e parar o movimento, ou seja, não colocar energia alguma para retornar à autoconsciência, ao zero absoluto, estado em que você conseguirá enxergar os movimentos que está fazendo e decidir se continuará nele ou mudará a rota. É no Zero Absoluto, no silêncio, fora do movimento externo que retornamos à ordem. Nesse estado, conseguimos escolher aonde aumentaremos a temperatura para gerarmos o movimento que precisamos exercer, assim como acontece com toda Física da Natureza, criada por Deus. A minha tese é baseada em como fazer escolhas assertivas ao exercermos o controle do nosso próprio ser, dos nossos pensamentos e atos e, então, aplicarmos no propósito de vendas que temos como legado. Outra observação a ser feita é que sabemos que Religiões e Ciências nem sempre tiveram concordância, mas aqui não questiono nenhum dos dois assuntos, e nem mesmo Deus, apesar de acreditar que um assunto pertence ao outro, mas caso você tenha algum preconceito sobre um dos assuntos, está tudo bem! Continue até o final desse livro, tenho certeza de que você terá se libertado de todos os preconceitos sobre um desses assuntos, caso os tenha.

Retornando à minha tese: A Entropia, que para a Física é considerada desordem de um Sistema, aqui considero que não deveria ser sempre compreendida como bagunça ou desorganização de um Sistema, que cito como nossa vida e as vendas que cada ser humano vem com o propósito de exercer, no tempo em que está aqui na Terra. No Plano Zero, a Entropia é a base para a tomada de decisão para que todo ser humano consiga definir, com consciência, a temperatura que vai colocar em cada movimento que fizer, para ter o resultado perfeito esperado de como tudo deveria ser, para gerar a ordem na Terra. Cada um veio exercer uma Física de Vendas que ordenará o seu Sistema e outros, indiretamente, beneficiando a vida e o mundo.

Note abaixo esse experimento com bolinhas. Se tiver um pote vazio e colocar bolas vermelhas por cima e bolas amarelas por baixo, elas estarão separadas e organizadas pela cor. Ao balançar o pote, as bolas começaram a se misturar de forma que, num dado momento, não existe mais a separação inicial.

Mesmo que continuemos a balançar o pote, dificilmente as bolinhas voltarão a ficar na mesma organização inicial. Ou seja, o sistema estará ordenado.

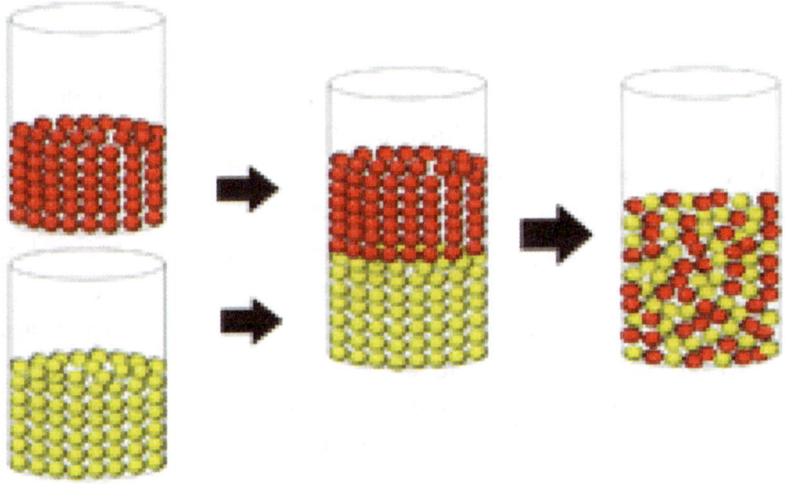

As consequências desse princípio é que em um Sistema Isolado, a Entropia (DESORDEM) sempre tende a crescer. Nós poderíamos dizer, numa simplificação quase exagerada, que a Entropia mede o grau de bagunça de um sistema

A Entropia mede o grau de Desordem de um Sistema

Quando um Sistema recebe calor - Sua Entropia (Desordem) aumenta ($Q>0$)

Quando um Sistema cede calor - Sua Entropia (Desordem) diminui ($Q<0$)

Ok, Fernanda, e qual é a relação das vendas com a Física?

Venda é um ato que desprende calor, energia e movimento para modificar algo. Ou seja, quando colocamos energia em uma venda (aumentando sua Entropia), aumentamos a sua desordem, há modificação, e quanto mais energia, maior a modificação, mais vendas! Assim como, quanto menos energia colocamos em algo, menor as modificações, menos desordem, ou poucas vendas. E, finalmente, quando não colocamos energia alguma, ela fica estática, sem nenhuma modificação, ou seja, não haverá vendas nesse modo sem energia, e não existirá desordem..

Agora o que você pensa sobre Desordem? Você acha que a Desordem é uma solução ou um problema para um sistema?

Se os Sistemas não tivessem se desordenado e colocado energia e calor, nada existiria.

A Desordem é bem-vinda para dar movimento, para transformar, evoluir, reformar, estruturar. Porém se houvesse APENAS a Desordem, sem nenhum domínio, o mundo seria um grande caos! E é exatamente isso que vivemos hoje.

Se o Universo continuasse como há milênios de anos, denso, suave e altamente ordenado, sem energia, o mundo ainda estaria estático. Isso pode até parecer com ordem, mas uma ordem sem vida, sem missão, sem transformação.

Porém, quando há energia desprendida no caos, sem pensar em um todo, há a desordem maléfica para todo Sistema.

Se você ainda não entendeu muito bem o que é Entropia, vou dar um exemplo:

Ex.: O vírus que atingiu toda a nossa nação no momento em que escrevo esse livro.

Há um alto nível de Entropia no vírus, por isso ele está em movimento. A vacina que desenvolveram está tentando fazer com que diminua o movimento dele, através da estabilidade do mesmo. Ao estabilizar o vírus, ele para de se movimentar e sua Entropia torna-se nula. Hoje, ele encontra-se em demasiada desordem no mundo, em cada uma das partículas, e em todos os níveis. Um grau tão grande de desordem faria com que o mundo acabasse mais rápido. Agora, se a primeira pessoa que contraiu o covid, tivesse ficado parada, sozinha, sem se movimentar durante 15 dias, ela não estaria colocando energia no sistema dela, e assim o vírus iria morrer, porque ele precisa de outros sistemas que gerem energia para se espalhar.

Conclui-se, então, que uma ação gerou uma reação, que impactou outra ação e que, consecutivamente, a energia desprendida de maneira impensada, sem saber a hora de cessar, de parar, de retornar ao Zero Absoluto, gerou um caos mundial.

Um outro exemplo seria um motor de carro que é feito para ter uma vida útil de 20 anos. Digamos que em um ano você resolva rodar com ele o que rodaria em 20 anos. Obviamente, ele duraria, em média, um ano. E dessa desordem que falo. Ou você diminui a Entropia do carro ou se colocar energia demais, acabará com ele antes do planejado.

Agora, se esse mesmo carro tivesse sido projetado para uma vida útil de um ano exatamente, e em um ano parasse de funcionar, é porque conseguimos mensurar a Entropia de maneira exata, porque utilizamos a energia de forma correta e para o objetivo certo.

Acompanhe meu raciocínio, se não houvesse a desordem, nada se transformaria e tudo ficaria estático e se houvesse a total desordem, o mundo acabaria em um único dia. Logo, a desordem do Universo deve seguir uma ordem.

Sendo assim, teríamos que ter o equilíbrio da Entropia, certo? Não! Temos sim que medir o quanto de temperatura, ou seja, de energia que dispomos em cada ação, reação, decisão, na nossa vida e em vendas. Não equilibrar, mas medir a energia de cada ato.

Logo, ao encontrar-se no caos, na ação, queimando de energia e no movimento, você não consegue pensar qual a próxima ação que deve desprender sua energia, qual decisão deve tomar e nem calcular a quantidade de calor para o seu próximo ato sábio e estratégico a se tomar. É nesse momento que deve diminuir o calor e tornar-se a Entropia de qualquer ação nula, ir ao seu Zero Absoluto.

Sim, é no caos que as coisas acontecem, mas é nele que tudo se destrói. E é no Zero Absoluto que nada acontece e permanece estático, mas também é nele que se diminui o caos para você conseguir ter um encontro com sua autoconsciência e pensar estrategicamente em todas os seus próximos movimentos.

E então, ir ao Zero Absoluto é parar para entender a Teoria de Tudo, sua vida e, claro, suas vendas.

O Universo está constantemente se transformando e tudo no Sistema se desfaz ao longo do tempo, eu, você e tudo que existe aqui, não existirá mais um dia, não há como fugir da força irreversível da Entropia.

Toda ação terá uma reação futura, e esta reação dará a ação para outra reação e, assim ,seguimos consecutivamente, transformando o Universo.

Logo, conclui-se que devemos conduzir a Entropia das nossas vidas, das nossas vendas e de todas as nossas ações de uma maneira que impacte positivamente as próximas ações e reações e então estaremos alinhando todos os sistemas do mundo ao seu eixo natural.

Não podemos ignorar os impactos que nós e o mundo obtivemos com a desordem tumultuada, da Entropia aplicada de maneira desapropriada, mas podemos diminuir futuras consequências danosas que podemos criar.

O Plano Zero é uma metodologia que observou o Universo e o ser humano e assim como a Ciência da Física, que investiga as leis do Universo e as interações à matéria e à energia, analogicamente, transcreveu alguns resultados, como ações, reações e tomadas de decisão para a Vida e, consequentemente, para as vendas do ser humano..

Podemos utilizar a Entropia nas nossas escolhas em relação às vendas, entendendo o momento de ativar o nosso Zero Absoluto e de sair dele. Somente quando eu retornei ao meu Zero Absoluto, consegui me reconectar com a ordem do meu Sistema e canalizar a energia de maneira correta e é o que ele faz com as pessoas que fazem parte dele.

Claro que aqui eu faço uma analogia da Física com a nossa mente. A Física explica que podemos chegar muito perto, mas nunca no Zero Absoluto. Porém, aqui, denominei o Zero Absoluto com o nosso esfriar, parar, o retorno para dentro de si, a nossa mais profunda autoconsciência, nosso ser espiritual.

A agitação é considerada a desordem de um sistema e a ordem seria quando estivesse o mais próximo do Zero Absoluto.

A minha tese aqui é que se a sua tomada de decisão não estiver conectada para dentro de si, em um estado de racionalidade e intuitivamente, e se estiver sempre tomando as decisões de acordo com o meio, com a mais alta energia, sem direcionar onde deve esquentar ou esfriar o movimento, você estará tomando decisões erradas.

Tomar decisão pela intuição requer um estado alto de racionalidade. Desenvolvemos esse estado de acordo com a autoconsciência, através de quanto nos conhecemos e o quanto conseguimos nos escutar, e isso apenas ocorre quando retornamos para dentro de nós. A surpreendente meditação é uma das chaves, como também a oração, o elevar a espiritualidade com Deus.

O Zero Absoluto significa esvaziar-se para receber a resposta que está dentro de você. Ele permite você parar para se escutar, se entender e elevar o grau de consciência.

E tudo que relato aqui nos é doado desde o princípio, mas muitas vezes ignoramos. Afinal, nos foi dado o maior presente da vida: a liberdade de escolher o nosso próprio caminho. E então podemos escolher se queremos enxergar as coisas como elas verdadeiramente são ou viver cegos em um sistema que criamos ou que criaram para nós.

Mas, se ficarmos parados nesse estado, tudo também será um caos!

Observe o Universo: se o mundo parar de rodar, ele acaba! Se você entrar em uma depressão e não se movimentar mais, você também estará com os dias contados! Da mesma maneira que se você se movimentar excessivamente, sem uma pausa, você entrará em uma grande desordem ou, então, sair correndo, sem direção, também não vai ser algo proveitoso.

FS
"MINHA MISSÃO É
FAZER VOCÊ
VENDER A SUA!"
Fernanda Scatolin

Então, está pronto (a) para essa experiência?

O Zero Absoluto

é o silêncio que ecoa

todas as respostas

que você precisa ouvir!

É no Zero Absoluto que você vai despertar seus dons divinos e saber as transformações necessárias para aprender a lidar com os medos e com a pressão. É nele que você vai resgatar a força para os desafios que precisará enfrentar para seguir na sua missão de vendas.

Retornar ao Zero é não exercer movimento algum. É parar, silenciar, retornar para dentro de si. É o tempo suficientemente necessário de recolhimento para exercer o contato com sua autoconsciência.

A importância da autoconsciência diz respeito a estar ciente de diversos aspectos do seu *eu*, como suas características, sentimentos e comportamentos. É um estado de atenção absoluta.

O Zero Absoluto é o vazio mais rico que possa existir. O silêncio que ecoa todas as respostas que você precisa ouvir.

Quando éramos crianças, geralmente, nos perguntavam o que seríamos quando crescêssemos. Você se lembra disso? Alguém já deve ter feito essa pergunta a você, correto? **Se sim, o que você respondeu?**

Era isso mesmo que você queria ser e fazer?

No momento em que eu refletia sobre isso, lá na minha infância, sentia o peso da responsabilidade de ter que pensar sobre o que eu seria. Parecia que se eu não soubesse responder, na época, é porque não seria nada ou ninguém na vida.

Crianças estão ali apenas sendo crianças e vivendo o agora, não conseguem ter essa consciência e são facilmente influenciadas.

Se existe um familiar, professor, amigo ou parente, incentivando aquela criança em seguir determinada profissão, isso pode acontecer no futuro, porque ficará gravado no seu inconsciente. Porém, aquela informação que ela gravou pode não ser a missão que ela veio ao mundo para executar.

Depois dessa fase, já com a maneira de pensar programada para o sistema em que vivemos, chegamos à adolescência e nos dão a opção de 20 ou 30 cursos de Faculdade, dos quais temos que escolher um, para aprendermos a ser iguais a outras milhões de pessoas.

Assim, vamos "seguindo o fluxo da massa", sem nos conhecermos de verdade, nos questionarmos e pararmos para observar e sentir que talvez o que você escolheu fazer, seguir, trabalhar, vender, não é o lugar que era para estar. Outros carregam a objeção de que "Preciso ter alguma dessas formações para ter uma profissão, ganhar dinheiro, me sustentar, ter uma família, realizar meus sonhos."

Por esse motivo, muitas pessoas, na fase adulta, são infelizes com o que escolheram fazer. Não sentem que estão em uma missão. Simplesmente vivem no sistema que criaram para eles. Poucos questionam a si mesmos e, quando o fazem, não saem do campo das ideias. Mas ver pessoas infelizes é algo muito pequeno, perto do que acontece com o Universo, quando tudo o que acontece não era para estar acontecendo. E então o que naturalmente aconteceria, deixa de acontecer.

Para você entender o que estou falando, saia um pouco do material e lembre agora de como você veio ao mundo. O que sabemos é que você veio de algum além, através de um pedaço de uma gosma e se formou dentro de outra bola gosmenta, sem ar, durante aproximadamente nove meses e, de repente, é tão comum pensar nisso que você, às vezes, até acredita que foi o homem que criou o homem. Você, às vezes, vive os seus dias sem lembrar que existe algo maior que você, sua família, que o mundo, até porque esse algo você não vê com seu olhos carnais.

Às vezes você até tem uma leve percepção de que a vida é eterna e que a morte está bem longe. Pergunte, então, para um senhor de 80 anos, se a vida demorou para passar.

Você entendeu onde está vivendo? Você vive na sua inconsciência. Você vive em outro mundo, um mundo que não é seu, um mundo que não é o que você veio para viver, fazer ou vender!

Cada ser veio com sua marca, com seu PLANO a ser cumprido e isso não está acontecendo. O médico que vende suas consultas, na verdade, era para ser um fazendeiro que venderia comida. O vendedor de Universidades, na verdade era para ser o médico que venderia as consultas.

Os chineses que vendem bilhões de objetos e bugigangas eram para ser um monge e cuidar (vender seu amor) às plantas.

Repare que o sentido de vender, que é utilizado nesse livro, é tudo o que você entrega e recebe. Independentemente de ter ou não dinheiro envolvido.

Entenda que as pessoas já estão nascendo no modo automático e esquecendo de planos que devem cumprir para uma missão ainda maior do que elas.

SEU
CHAMADO DE VENDAS,
ASSIM COMO A SUA
RECOMPENSA:
É INTRANSFERÍVEL.

Fernanda Scatolin

Seu plano de vendas 3

Todos aqui recebemos um chamado de Deus para vender e cumprir uma obra específica,

O chamado de Deus é pessoal e intransferível, assim como a recompensa por esse chamado e se você o transferir está errando contra você e contra Deus.

Vou lembrar aqui de um exemplo de uma história.

Um moço chamado Neemias, era copeiro do rei, tinha uma vida boa, acompanhava o rei em suas missões, possuía privilégios, enquanto o povo estava em grande miséria.

Apesar de ter um cargo privilegiado na sua cidade, ele não se sentia realizado, sentia que faltava algo. Ele sempre se entristecia em ver a miséria do povo da cidade de sua origem.

Neemias era cristão e sempre orava e meditava a Deus e, então, dessa maneira, ele desenvolvia a autoconsciência e entendeu que tinha uma missão maior do que o que ele exercia a ser cumprida aqui na Terra.

Um dia, em oração ao seu povo que tanto amava, Neemias teve uma resposta (alguns chamam de ideia), é como uma mensagem, como uma luz que ilumina tudo, aquele êxtase que sentimos quando nos vem uma resposta que buscamos; ela simplesmente chega. Neemias recebeu a resposta do chamado do Criador na vida dele: ajudar o seu povo, pois a dor do seu povo, era a dor dele.

O que Neemias se deu conta é que aquele amor que queimava em seu peito pelos problemas que o seu povo enfrentava, também era seu. Ele nunca se sentiria realizado e em paz, mesmo se ele se tornasse o homem mais rico do mundo. E então, tudo fez sentido.

Neemias entendeu o motivo de nascer com dons que somente ele tinha naquele local para ajudar aquele povo. Ele não se limitou ao reconhecimento da sua missão, mas ele agiu, não ficou inerte, fez alguma coisa, saiu de sua zona de conforto e decidiu pedir ajuda ao rei para cumprir o seu chamado.

A pergunta é: Mas esse chamado, essa missão, poderia ter sido dada a qualquer outra pessoa. Por que Deus chamou justamente Neemias?

Neemias era ousado, corajoso e tinha muita fé. Quando Deus o criou, já sabia qual seria a sua missão. Sabia que ele teria facilidade para se relacionar e ter amizade com pessoas de poder. Pessoas que viviam cegas no sistema e que Neemias poderia conscientizá-las a proverem os recursos necessários para a realização da sua obra, com seu povo.

Apesar de nos chamar de iguais, Deus nos fez diferentes. A Ciência comprova que não há ninguém igual. Cada parte do sistema que vivemos é perfeito.

Gosto de observar o Universo. E ao observar, por exemplo, uma árvore, vemos o caule, as folhas, a terra, a água escorrendo na plantinha e nota-se que cada um desses elementos, que Deus criou, tem características e funções diferentes. Em uma perfeita máquina, para cada um cumprir sua missão. E assim Ele fez cada um de nós e tudo o que criou.

Quando Deus levanta alguém para uma obra específica, Ele tem um propósito de que só aquela pessoa pode realizar ou vender daquela maneira específica, aquele chamado.

Ele vai usar seus dons, suas capacidades e temperamento para cumprir a missão Dele. E não tente saber tudo. Tem coisas que você não vai entender com esse livro, muito menos nessa vida. Sabe por quê? Porque apesar de você ter poderes para cumprir a sua missão, você não tem a chancela para ser o dono do mundo e somente ele conhece a Física de Tudo. Você nasceu para ser o maior naquilo que veio fazer, mas não maior que o Rei. Sua função é apenas cumprir o chamado e ter de presente paz, realização e a experiência de ser livre e não viver preso no sistema em que criaram.

Não nos ensinam isso na escola e nem na vida. Isso porque a Cultura de Vendas no mundo não ensina sobre os Macrorresultados.

Me refiro aos Macrorresultados, a resultados ainda maiores do que Sustentabilidade Mundial. e não apenas do nosso próprio umbigo. O que quero dizer é que o que cada pessoa no mundo faz (vende) tem impacto global e pode atravessar gerações. Você já parou para pensar nisso?

Eu sei o que você está pensando agora: "Este livro é muito louco!" Calma, eu te entendo, porque eu já pensei assim um dia e também não me interessava por esse assunto! Mas minha missão é fazer com que a sua consciência passe de fase para o próximo nível ou, quem sabe, até o final deste Plano, ganhe o jogo!

Vamos voltar à sua adolescência. Quero que, depois de você ler o que deve lembrar, em um lugar calmo e tranquilo, de preferência sozinho, feche os olhos e se lembre de você com 17 anos de idade. Lembre quem eram seus amigos, com quem você estava, o que gostava de fazer, nessa época. Como se sentia e onde morava. Lembra de como era seu quarto, as pessoas que moravam com você. E, então, você se lembra de sentir a pressão de ter que ser alguém, de ir para a fase adulta formado ou trabalhar em algo que em breve te trouxesse independência.

Como você se sentia? Na verdade, talvez nem era o que você escolheu fazer de verdade.

Nesse momento, diga a você mesmo, com toda a sua ousadia: E SE EU CRIAR UM FLUXO TOTALMENTE DIFERENTE?

E se eu não escolher esses cursos e criar um somente para mim? Estarei, então, na desordem do fluxo? Será que posso criar uma nova teoria? Uma nova ciência?

Todas as pessoas que criaram e ficaram marcadas na história têm uma coisa em comum: elas acreditaram que a sua mente era tão divina como qualquer outra grande mente que criou algo, um dia.

E sim, sua mente era divina. E você? Você também nasceu para criar algo, correto? Sim! Todos nós nascemos com uma missão única e intransferível de criar algo. E não necessariamente você precisa ser um empresário para isso, mas pode resolver um problema sobre algo e a resposta para essa execução vem de você. **Essa resposta está dentro de você.**

Feche seus olhos pelo tempo que achar necessário e se pergunte:
O que você amaria solucionar, resolver e criar ainda nessa vida?

____

____

Se você conseguiu responder, saiba que é isso que vou ensinar você a vender. Se ainda não sabe, fique tranquilo(a), você saberá no decorrer deste livro.

____

____

Entenda que, mesmo que você ame o que atualmente você tenha como profissão, ou se trabalha para uma empresa e se sente feliz com o que exerce, você não precisa trocar de profissão ou sair da empresa em que trabalha. Muitas vezes, você pode exercer (vender) sua missão, independentemente da profissão que exerce (vende).

Como eu disse, a sua missão está ligada a criar soluções que ajudem a organizar e tornar o mundo melhor.

Lembra da Física? Quando entender a sua missão, você sentirá um controle diferente em tudo o que faz. Conseguirá medir o grau de Entropia do seu Sistema. Você vai aumentar ou diminuir a temperatura de forma que toda a máquina funcione sincronizadamente. Conseguirá escolher em que aumentar ou diminuir o movimento. Saberá até mesmo o momento de retornar ao Zero Absoluto.

"Não se conformem com o padrão deste mundo,
mas transformem-se pela renovação da sua mente".
Romanos 12:2

Se você lembrar das pessoas que marcaram gerações, provavelmente perceberá que elas criaram algo. Ou uma ideia, ou um produto ou um serviço, ou uma frase que transformou e impactou vidas.

Porém, nada adiantaria criar e não saberem vender. Ou seja, elas venderam a missão delas para o mundo.

Essas pessoas conheciam as chaves para entender a sua missão no mundo e cumpriram seu legado.

Para essa autoconsciência ser adquirida e entendermos o caminho certo a ser percorrido, devemos retornar para dentro de nós, através do Zero Absoluto.

Saiba, no entanto, que mesmo no caminho certo, haverá os dias de prova. Se você não for forte o suficiente para a sua missão, e se ela for uma grande missão, você estará preparado para o que está por vir.

Costumam chamar de missão, legado ou sucesso o prazer de fazer aquilo que você faz, sem importar em qual circunstância. Mas eu chamo aqui de Fluxo Natural, e em outro capítulo falarei sobre ele.

Quero então que você se conecte com o seu Plano Zero, e não se decepcionará mais durante o caminho todo. Mesmo nos dias não tão bons assim, você estará seguindo o seu PLANO DIVINO, com base no Zero Absoluto.

Abaixo, *registre os insights que teve ao ler este capítulo* e, depois, lembre-se de pensar sobre eles.

____

____

____

Hoje, em que você colocaria Entropia para transformar algo em você e na sua vida?

____

____

____

De que maneira você acredita que teria que colocar energia para transformar o que deseja, e em quanto tempo gostaria de fazer isso? Coloque a ação e a data:

____

____

O que você vende hoje? Você se sente realizado?

____

____

____

Você sente que leva transformação através do que vende de forma a beneficiar pessoas? Qual o impacto sobre outras pessoas e no Universo com o que você entrega?

Para descobrir o que você veio vender nesse mundo, você deve estar conectado com o seu Plano Zero, porque é lá que está o seu talento divino.

Você deve parar tudo o que está fazendo por um momento e ter a certeza de que esse é o caminho que você quer continuar seguindo.

Se quiser parar tudo e entender quem é você, precisará COMEÇAR a partir do SEU ZERO ABSOLUTO. "Começar do zero" e "Começar do SEU Zero" são duas coisas totalmente distintas.

Começar do zero é o que eu fiz muitas vezes na vida. Eu não entendia quem eu era, para que eeu stava aqui e, simplesmente, seguia a manada e a minha mente desordenada.

Fazia o que parecia mais óbvio e me perdia buscando respostas fora de mim. Claro que não posso me julgar, até porque eu não tinha o conhecimento necessário.

Tudo serviu como experiência, mas se eu soubesse disso antes, teria vivido com mais plenitude, sentindo a paz que sinto hoje, por estar fazendo o que nasci para fazer de verdade.

Aliás, sentimos instintivamente que não estamos no caminho que devemos estar, mas, muitas vezes, não buscamos entender essas mensagens, que eu chamo de Mensagens Divinas.

O Criador fez cada ser com um Plano Único de vendas.

E esse é o fluxo natural do Universo. O plano que tem escrito para você, muitas vezes, não está ligado à profissão escolhida.

Tudo está ligado ao seu talento. Podemos exercer nosso talento em qualquer área que escolhermos seguir. Observando as pessoas, conseguimos observar os seus talentos.

Lembre-se de que Ele não comete erros. O seu talento pode estar ligado a levar felicidade ao mundo ou a aconselhar, a ouvir o próximo, a amar, a cuidar, a servir, a executar, a planejar, a comunicar...

Seu dom pode estar ligado a levar diversão às pessoas ou talvez tenha relação com a criatividade. Sempre há algo que "já nascemos prontos para fazer", que é natural para nós e que, portanto, irradia em você. Algo que você não treinou, e nem aprendeu com ninguém.

Na vida, podemos aprender e melhorar vários aspectos, mas o talento é algo que você vai ensinar aos outros com o seu exemplo. É mais forte do que o que você diz ou fala. Tem a ver com o seu agir.

Ao identificar seu talento, tudo começa a fazer sentido, não importa a profissão que você exerça, ainda mais considerando que você pode continuar fazendo exatamente o que faz e, assim, pode exercer o seu talento com mais frequência.

Ao colocar seu talento em ação, começará a vender mais, sem se esforçar para isso.

Quando você era pequeno, em que todos te elogiavam?

____

____

O que você adorava fazer?

____

____

No que você sempre foi bom? Quais eram suas habilidades?

____

____

O que você faz de maneira natural que se destaca de outras pessoas (algo que para você é natural em comparação as outras pessoas)?

____

____

O que você mudaria para melhor na sua casa? E na cidade em que você mora?

____

____

Se você fosse um super-herói e recebesse uma poção mágica que lhe desse o direito de fazer dois únicos pedidos de transformação, um em você e outro no mundo, o que pediria? Por quê?

____

____

Sem essa poção, o que você pode começar a desenvolver para ter essa transformação?

____

____

Para o que você acredita que foi feito?

____

____

Respondendo a essas perguntas, você já sabe responder qual é o seu talento (sua maior capacidade, a atividade que deve desempenhar).
Qual é?

____

____

Se nessa última pergunta você responder a atividade profissional que já exerce, não tem problema algum. A sua expansão de consciência não necessariamente fará você mudar de profissão, vender outro produto ou outro serviço daquele que exerce. A mudança está na forma em como vai agir a partir de agora, através desse entendimento.

Exemplo: se um médico não estiver exercendo o seu talento natural na sua profissão e, digamos, que ele nasceu para cuidar de pessoas, como está exercendo isso? Onde está colocando a sua energia? Sendo automático, dando receitas e se preocupando em quanto de consultas vai colocar no bolso ao final do dia?

NÃO! Ele não está exercendo o seu talento apenas sendo médico. Dessa maneira, ele está desorganizando todo os Sistemas. O dele, os das pessoas que atende e os das próximas gerações e, ainda, está prejudicando outros colegas da sua área, pois está criando crenças nas pessoas de que médicos são frios, mal-humorados e desumanos.

Como ele pode mudar isso? Ouvindo os seus pacientes, levando uma mensagem de esperança e de conforto! Ele pode mudar tudo quando colocar a Entropia no modo como cuida e trata as pessoas. Muitas vezes, a cura vem de uma palavra de amor. Se ele atende os pacientes, todos os dias, e retorna para casa sem exercer o seu talento natural, está deixando de ter a desordem organizada do sistema e impactando negativamente a sua própria vida, de outras pessoas e das próximas gerações.

Uma vez, um *mentorado* meu, que era sócio de uma fábrica de cigarros, após fazer esse exercício, voltou-se para a autoconsciência e decidiu que a sua missão e talento no mundo não eram para produzir cigarros para vender, e colocar a Entropia de uma maneira que prejudicaria milhões de pessoas. Ele, então, mudou de área e abriu outra empresa voltada a seu talento, e começou a empreender (vender) em outra área em que o impacto por colocar a Entropia beneficiaria as reações das pessoas e do mundo pela Lei da Física aqui citada.

Se, mesmo preenchendo essas questões de autoconhecimento, você ainda não entendeu a sua missão de vendas, talvez reconhecendo os seus principais valores você consiga ter mais clareza.

Suas Riquezas (valores) 4

Os valores são o conjunto de características de uma pessoa que determinam a forma como ela se comporta e interage com outros indivíduos e com o meio ambiente.

A palavra Valor pode significar merecimento, talento, reputação, coragem e valentia. Geralmente, os nossos talentos naturais estão conectados com os nossos valores mais profundos.

Se tivéssemos esse tipo de estudo e de conhecimento sendo fomentado desde a Educação Infantil, com certeza não teríamos tantas Entropias Psíquicas.

Uma outra situação que vivi aconteceu ao fechar um contrato para um grande empresário. Ele me contou que não era feliz e que gostaria de ter feito Direito, pois queria ser Promotor de Justiça. Em vez disso, optou por administrar a empresa familiar.

Perguntei se ele seria mais feliz sendo Promotor e ele me disse que sim, porque gostava muito de ler e admirava o poder da promotoria ao defender o Estado.

Identifiquei imediatamente que ele tinha valores muito fortes, como o da Justiça, do Respeito e do Reconhecimento, e por isso ele pensava que estaria feliz se fosse Promotor de Justiça, mas não! Ele estaria satisfeito se estivesse exercendo seus valores, não importando em qual área atuasse.

Falei para ele que era possível aplicar os valores que ele tinha na sua própria vida, na profissão e até mesmo em um trabalho filantrópico, na comunidade da sua cidade. E, então, seus olhos brilharam e, em poucos dias, me contou que tinha iniciado um Planejamento para movimentar essa ação.

Ao descobrir o nosso Plano de Vendas devemos transferir os nossos valores, através de uma missão.

Eu, Fernanda, descobri que os meus principais valores (aqueles que vêm à frente dos outros) são: Amor, Justiça, Reconhecimento e Liberdade. E você? Quais são os seus valores? O que te sustenta? Qual é o seu embasamento?

E isso faz toda diferença para você vender muito daquilo que você vende. Porque, antes de vender algum produto ou serviço, você tem que vender a si mesmo, e você não vai conseguir atingir seu topo, sem antes se conhecer.

Você somente cinseguirá criar uma conexão real com o outro, quando conhecer a ti mesmo.

E, para isso, você deve mover o que Deus te entregou para cumprir aqui na Terra; deve estar aliado com seus Valores.

Se você colocar seus valores antes de qualquer sonho seu, nada vai te parar, todo o caminho se tornará mais leve e tudo fará sentido.

O problema é que, a maioria das pessoas, ensina a gente a traçar metas e objetivos antes dos valores, e então tudo fica muito vago e desordenado.

Ao não alinharmos quem somos com o que queremos, entramos na Entropia Psíquica, e então fica tudo confuso, porque você começa a buscar algo que não é seu, a viver uma vida que não é sua ou a conquistar coisas que não te trazem paz e plenitude.

Você já se sentiu assim?

E se há uma desordem de valores, ou seja, se nem você mesmo segue seus valores mais profundos, você não vive seu fluxo natural. Você vive o que não veio para viver nesse mundo.

Não devemos abrir mão de nossos valores, porque é a nossa essência. Quando identificamos e respeitamos nossos valores para nos guiar, nos tornamos pessoas mais éticas e morais, porque respeitamos a nós e ao próximo, colocando algo muito valioso à frente.

Mas como descobrir seus reais valores?

A melhor maneira para identificar seus valores é retornando ao Zero Absoluto. Para dentro de si. Por isso, para fazer esses exercícios, esteja em um lugar tranquilo. Sugiro até mesmo que medite e faça uma oração

Coloquei aqui alguns exercícios para identificarmos os seus valores.

Responda, antes de iniciarmos:

Pense em algo que você sonha em conquistar ou executar e escreva aqui:

____

____

Em quanto tempo você quer esse resultado?
Dia, mês e ano __________________________________

Agora, imagine esse sonho nesse dia, mês e ano sendo realizado. Acontecendo exatamente da maneira que você sonhou, com as pessoas que você quer que estejam ao seu lado.

Qual é o sentimento que você tem ao pensar nisso?

____

Exemplo: Amor.

Agora se pergunte: Se para chegar até esse sonho, no caminho que percorrer até lá, você der passos que NÃO lhe tragam Amor, você ainda quer essa meta?

- SIM
- NÃO

Resultado: Se a resposta for não, o valor está certo e alinhado.

Mas se a resposta for Sim, esse não é o seu maior valor.

Se sua resposta for SIM, você quer essa meta, mesmo que em alguns momentos não sinta amor. Você deve novamente pensar no seu sonho, imaginar-se nele, naquela data, e responder:

– O que você sente? O que é maior do que o sentimento do Amor para a realização dessa meta? Exemplo: Honra.

E então, pergunte-se novamente:

Se para chegar até esse sonho, no caminho que percorrer até lá, você der passos que não lhe tragam Honra, você ainda quer essa meta?

Se a resposta for NÃO, então este é o seu valor: HONRA

Faça esse exercício com todos os Valores que cito abaixo, até ter certeza quais são os três primeiros que te movem. Você pode fazer uma lista com a ordem de todos, mas os principais são os primeiros e esses, para qualquer escolha que venha a tomar, saberá que devem estar à frente de suas decisões.

Lembre-se que valores são princípios que são ditados pelo Criador. E os valores são o que vai fazer você se mover na sua missão.

Esses são os Valores para você utilizar no exercício que citei acima:

1. Amor

É um valor extremamente poderoso. Aqui, não é amor humano, mas um amor que está acima dele. Amor por aqueles que nunca vimos. Amor que transcende. É o amor fazendo o bem, através das nossas ações. Trata-se de um princípio de ligação entre nós e Deus.

Nenhum outro valor para conquistar nossos sonhos e levar nossas vendas para o maior número de pessoas é tão poderoso quanto esse.

2. Paz

Quem possui esse valor faz suas escolhas baseado no que vai manter sua tranquilidade, e não levar nenhum tipo de discórdia entre as partes ou a outros envolvidos. Uma pessoa com esse valor evita qualquer tipo de discussão e prefere sempre ceder do que estar certo.

3. Alegria

Um ótimo valor para se colocar à frente para quem quer vender mais.

Sustenta o bem-estar e o entusiasmo. Esse valor você vive em estado de satisfação, contentamento e prazer.

Todos nós nascemos com ele, mas vamos deixando-o escondido a cada decepção que temos na vida.

Ele é uma solução para todos os problemas. É um medicamento para todas as enfermidades, é a melhor companhia para quem sofre ou está desmotivado.

Você conquista esse valor colocando como rotina diária esses novos atos:

– Fazer o bem a todos;

– Lembrar-se de algo que te deixa feliz, quando estiver falando de alguém;

– Vibrar na alegria, quando estiver conversando ou ensinando algo para os outros.

– Pensar com alegria na saúde dos que sofrem.

4. Bondade

Trata-se de uma qualidade das pessoas que sempre procuram **fazer o bem** aos demais e que não possuem maldade. Muitas vezes, preferem fazer o bem a outros em vez de a si mesmos.

5. Empatia

Colocar-se no lugar do outro, a fim de compreendê-lo emocionalmente. É a importância de realmente entender o outro e, assim, evitar discórdias. Esse valor também é treinável. Você pode começar olhando para cada situação como se fosse você no centro dela.

6. Amizade

Assim como o amor, a Amizade é um dos valores mais preciosos e ainda pode ser considerado como parte do amor. Trata-se de uma relação de **afeto, apoio** e confiança entre duas ou mais pessoas. Esse valor não abre mão de nada que abale a amizade entre duas pessoas.

7. Confiança

É um ato de fé, já que a pessoa que confia deposita segurança em algo ou alguém. O mesmo que Lealdade. É um compromisso com o outro que nada e nenhuma situação conseguem romper. É a certeza de ter feito o que era certo. É ser leal à palavra consigo e com o outro para não romper a confiança.

8. Justiça

Consiste em se relacionar de maneira justa consigo mesmo ou com os outros, dando a cada um o que realmente merece, de acordo com as suas atitudes. Esse valor está acima do bem-estar próprio ou do outro, pois reconhece o que é de merecimento: o que é certo para si e para o outro receber pelos seus feitos e atos.

9. Liberdade

Existem vários tipos de Liberdade, mas aqui me refiro à Liberdade como um todo. Falo da Liberdade de escolha, de ser e fazer o que realmente deseja. Passa por viver com livre arbítrio de maneira responsável e sem prejudicar ninguém. Uma pessoa que é livre sempre pode fazer o que realmente deseja, desde que isto não afete de maneira direta ou indireta a outras pessoas.

10. Responsabilidade

Uma pessoa é considerada responsável quando é capaz de **assumir o controle de suas próprias ações**, tomando suas próprias decisões e agindo de acordo com elas, sem culpar ninguém por qualquer situação que venha a passar.

11. Respeito

Trata-se do valor e do bom tratamento que damos a nós mesmos e aos outros, reconhecendo qualidades, méritos ou situações particulares.

12. Honra

É uma qualidade ou um profundo sentimento acerca da própria dignidade. A pessoa age de acordo com a forma esperada pela sociedade.

13. Tolerância

Quando uma pessoa é tolerante, mostra uma atitude aberta e sem preconceitos com as opiniões de outras pessoas, mesmo quando são diferentes das suas.

14. Reconhecimento

Sentir-se feliz e respeitado em ser reconhecido pelas pessoas por algo que fez, conquistou ou ajudou. Ou mesmo ser elogiado pelos outros pelo seu esforço e atitudes, faz com que esse valor seja muito ligado à importância de sermos aceitos pelo outro.

15. Responsabilidade

A responsabilidade envolve assumir as consequências dos próprios atos. É assumir a autorresponsabilidade de uma situação e não culpar terceiros. Ela é o cumprimento dos compromissos adquiridos e gera confiança e disciplina entre as pessoas. Toda **responsabilidade** está vinculada à obrigação e ao dever.

Rompa as Celas 5

Nesse momento, eu sei o que passa pela sua cabeça. Muitos questionamentos, você não sabe por onde começar, seu corpo está tentando proteger você do movimento que está por vir... ao mesmo tempo, você faz muitas perguntas, como por exemplo: "O que vão pensar de mim em iniciar esse novo projeto? Estou muito velho, já passei dos 30, 40, 50 ou 70 anos, como vou começar novamente tudo do nada?"

Minha resposta é: julgue menos e aja mais! Dessa maneira, você estará se libertando de prisões, rompendo crenças e destruindo celas que te prendem, impossibilitando-o de realizar o que deve ser cumprido por você. Lembre-se que, se você existe, você vende! E vender é estar em movimento. Se você ainda tem saúde psicológica, você nem precisaria saber andar. Sabemos hoje que a mente pode movimentar o mundo através da inteligência artificial. Enquanto você tiver capacidade mental, não pare! Tudo no mundo não para de se movimentar, por que você deve parar?

Você pode mudar tudo, a qualquer momento, partindo do que você considera como Zero, e que eu chamo de Zero Absoluto: a sua vontade, a sua missão, o seu chamado.

Ah, você ainda não acredita? Não sabe como? Então vou dar alguns exemplos. Prepare a sua cabeça para romper algumas celas de aço da sua mente.

Henri Nestlé criou o seu primeiro produto aos 50 anos de idade: a Farinha Láctea. Só então começou a ter sucesso e a ganhar dinheiro. John Pemberton inventou aos 55 anos de idade o primeiro refrigerante.

Ele só obteve sucesso depois de morrer, quando a fórmula foi comprada por uma empresa americana. Aí, deixou a sua descendência milionária à família.

Às vezes, tudo o que precisamos é simples: basta ficarmos em silêncio e escutarmos o que está dentro de nós, quando estamos em oração. Não nos ensinam a olhar para dentro, para quem somos.

Projetamo-nos no outro, em como nos veem, e nos moldamos para agradar. Mas há algo além disso, algo grandioso para a sua vida. O caminho até pode ser de dor, mas mesmo nos dias de provações, confie Naquele que te criou.

Agora, nesta breve passagem, você deve se empenhar em viver intensamente o seu Plano. Não se preocupe com o que outro ser, tão pequeno quanto você que, para se sentir grande, ao invés de buscar entender a missão (o seu Plano de Vendas), fica perdendo tempo olhando para o seu e julgando, porque está sobrando tempo para ele.

Apresente o Plano Zero e veja se ele vai ter tempo para continuar julgando a vida alheia.

Devemos nos preocupar com o julgamento apenas daquele que escreveu isso, afinal, todo o Plano foi dado por ele:

"Os meus pensamentos não são os pensamentos de vocês, nem os seus caminhos, são os meus caminhos", declara o Senhor.

"Assim como os céus são mais altos que a Terra, também os meus caminhos são mais altos que os seus caminhos e os meus pensamentos mais altos que os seus pensamentos".

Sabe, até aqui eu tive dias muito difíceis. Por quantas vezes estive sozinha, mas não tinha consciência que eu estava sendo treinada e formada até adquirir maturidade, entendimento e força necessária para cumprir a minha missão.

Escrevendo agora para você, lembrei de uma vez, há aproximadamente 15 anos, quando acabou a gasolina do meu carro, no meio da Marginal Pinheiros, em São Paulo, uma avenida muito movimentada. Eu fechei os olhos e orei. Em alguns instantes, um senhor parou e me ofereceu ajuda. Ele foi até um posto e voltou com gasolina para mim, sem cobrar nada.

E em outras várias vezes que fui provada, fortaleci ainda mais a minha fé, depois de passar pela dor.

E então, o Plano Zero inclui a perfeição e você deve saber discernir, não somente o bem, mas também o mal. A perfeição não é um dote interior, mas um dom que nos é concedido.

Há uma época da vida, geralmente na metade dela, em que precisamos tomar uma decisão. Possivelmente, a decisão psíquica mais importante de nossas vidas: se podemos continuar como estamos ou não.

Continuar como estamos é seguir com as mágoas ou fazer as coisas da mesma maneira. Mesmo entendendo qual é o seu Chamado, o seu Plano e o seu Fluxo, é necessário abandonar certas prisões.

Não gostamos de nos lembrar dos tempos sombrios. Entretanto, se não voltarmos a eles, não conseguiremos prosseguir.

Há muitas vantagens em voltar conscientemente em um fato que nos causou dor. Ou carregamos isso para sempre ou o tiramos de nós, pela força do perdão.

Acima das vendas e do talento profissional, o Plano Zero é sobre suas vendas e talentos em uma dimensão espiritual. Com o seu talento, uma pessoa amadurecida é capaz de ajudar não apenas os seus clientes e amigos, mas também os seus inimigos, se houver.

Esqueça-se das coisas que ficaram para trás e prossiga para o alvo, diretamente ao prêmio, pela sua vocação!

Para seguir com seu Plano, você precisará se livrar de julgamentos e rancores, porque isso poderá travar seu caminho e o prejudicar na execução do seu Plano.

Enquanto você sentir alguma tristeza ou rancor, pensando em alguém ou em si mesmo, não conseguirá estar em seu Plano. Você deve conseguir perdoar e se esquecer disso.

Acredite: ao perdoar uma pessoa, verdadeiramente, você libertará a você mesmo, pois o perdão é o abandono da dívida.

Escreva abaixo o(s) nome(s) da(s) pessoa(s) que te magoaram, cuja mágoa você carrega há tanto tempo:

____

____

____

____

____

____

Fale, em voz alta:

"Eu, ______________________________ (seu nome), perdoo você, ____________________ (nome da pessoa), por ter me machucado. Eu entendo que, naquele momento, você não conseguia ter a mesma visão que eu sobre o erro cometido, e talvez ainda não consiga. Eu não sei por qual motivo tudo isso ocorreu. Sinto muito! Eu perdoo você de todo o meu coração e te liberto para seguir em paz. Que Deus te conceda sabedoria para aprender e que tenha misericórdia dos seus atos. Eu estou livre de toda essa mágoa e, com amor, o deixo ir."

Se você preferir, pode ligar para essa(s) pessoa(s) e falar que a(s) perdoou. Se não desejar, está tudo bem, também! Aqui estamos falando de algo maior do que "precisar falar com alguém".

O céu se abriu para você agora que você abandonou a dívida e se libertou com o perdão. Nesse momento, é necessário que você não pense e não volte mais a esse assunto.

Repita esse exercício quantas vezes forem necessárias até sentir que está desbloqueada qualquer trava em relação às pessoas.

6 Eu não quero dor

Saiba que todo esse processo vai doer, viu? E vai doer muito! Se você não estiver disposto a aguentar a dor, vai vender pouco. Para você ser empreendedor, produzir, ser expert em vendas ou ganhar muito dinheiro, precisa saber que vai ter que passar por um processo de transformação. Quanto menos autoconsciência tiver sobre a vida, ou seja, quanto menos enxergar a realidade, mais dor vai sentir.

Tanto na vida, quanto nas vendas, é preciso entender que você vai receber muitos "*nãos*" até chegar ao "*sim*". Mas você vai chegar nele! E se você for mulher vai doer ainda mais, porque, por muitas vezes, vai estar dividida entre carreira, filhos, e casa. Somos, sim, multitarefas, e isso às vezes pesa e nos pressiona demais! Além de ainda escutarmos "gracinhas" que não queremos, de muitas vezes não sermos respeitadas, de muitas vezes passarem a gente para trás...

Mas tenho uma pergunta para lhe fazer: Você não gosta de agir sob pressão?

Se fizer uma pesquisa, e perguntar para as pessoas que se encontram na miséria, a maior parte das pessoas responderão que: "Não gosto de trabalhar sob pressão" ou "Não consigo agir sob pressão".

E perceberá também que preferem, inconscientemente, a mediocridade, ou seja, a zona de conforto, que é o estado que escolheram viver. Esse estado mediano escolhido os protege da "dor". A dor da pressão.

Agora, pergunte às pessoas que realizaram seus sonhos pelo seu mérito, pelas suas mãos. Elas responderão, ou que são loucas pela pressão, ou que tiveram que aprender a lidar com ela, dependendo do sonho e da meta que tinham.

Elas descansam apenas quando terminam o que planejaram e, no descanso, elas aproveitam esse tempo não para parar e estagnar, mas para se conectar e idealizar a próxima criação, para a próxima Entropia. E, logo, idealizam algo que as coloquem novamente sob o estado de pressão.

Lembra da Física? Quanto mais pressão, mais movimento, mais Entropia, mais mudança. Apenas deve escolher onde aplicará a Entropia.

Você nasceu para cumprir e exercer um legado aqui na Terra. Se você não sabe se colocar sob o estado de pressão, indico que tenha alguém que faça isso por você.

A não ser que tenha escolhido sonhos pequenos e realizações que não precisem de tanta energia assim, e está tudo bem. Mas não reclame. Decida e esteja feliz com essa condição.

Agora, se você tem sonhos e uma missão que precisa de grandes ações para serem realizados, e mesmo assim vive uma vida sem pressão para movimentar e obter a transformação necessária, aprenda a lidar com ela, LEMBRANDO SEMPRE DO RESULTADO QUE VAI OBTER DEPOIS QUE PASSAR PELA DOR.

Aceite e agradeça a pressão que a vida te presenteia.

Você vai brilhar quando entender que precisa de pressão para sair do estado que se encontra hoje.

Copywriter Fernanda Scatolin. Cópia é crime. Cite sempre o autor.*

Vá...
"Apenas vá!
...com dor
...lágrimas
...medo
...desprezo
...com todas as suas limitações,
MAS VÁ!

Você pode até chorar uma noite.
No outro dia, aprenda a sorrir disso tudo!

Hei! Estamos vivos!

"Você não pode ir" é só uma criação da sua mente!
Lamentar-se vai te deixar parado.

As lamentações são apenas algumas desculpas
Que usamos para nos mantermos confortáveis.
Mas o conforto não vai te tirar do lugar!

Podemos ter lágrimas, mas...
Lágrimas
em
movimento
...de gratidão
...ou, também, de dor!
Jamais de lamentação!

Mas, Fernanda, por que a sua poética envolve dor?

Porque pela minha filosofia, através da minha experiência, observando a natureza, outros seres humanos e a própria Física, percebi que, sem dor, não existe a transformação.

Mas a dor é relativa, porque os planos de Deus são perfeitos. Então é melhor você passar por alguns momentos difíceis, mas ao passar por eles, sentir o motivo de você estar aqui neste planeta. Sentir a realização de dever cumprido e ver o impacto que aquela dor teve em você e nos outros, do não à autolamentação e ao vitimismo, pois entendo sobre isso. A minha abordagem parte da minha posição de uma mulher empreendedora, forte e transformadora.

O meu objetivo com o Plano Zero não é levantar nenhuma bandeira em prol de mais mulheres nas confrarias de negócios, mas não posso deixar de abordar aqui um assunto delicado, que talvez conecte com aquilo pelo que outras mulheres passam.

Sou uma mulher de negócios e, muitas vezes, no mundo dos *businesses*, acabamos mais conectadas com homens. Na maioria dos jantares, há um número expressivo masculino.

É sabido que, ainda, a maioria das pessoas que fala sobre negócios, como compra ou investimento em empresas, é constituída por homens. Às vezes, estou sentada com mais dez homens, em um jantar comercial.

Gravei stories e fiz postagens na minha rede social, pedindo aos "homens sem noção" para pararem de me seguir. Se você é ou quer ser uma mulher de negócios, precisa saber a verdade.

Eu nunca tinha entendido essa questão do preconceito e julgava isso, e julgava até mesmo as outras mulheres que levantavam as bandeiras em prol do ativismo, pelos direitos da mulher.

Achava que era algo ligado ao vitimismo, mas paguei pela minha língua e só julguei até sentir a discriminação na própria pele. Hoje eu entendo isso e nunca mais questionei.

Não sei se você já passou por isso ao trabalhar com homens, como indiretas ou olhares do tipo "Ok, farei negócios com você, mas quero algo em troca...".

Isso é muito triste e oro a Deus para levar autoconsciência para esses homens. Porque eles também vivem no Sistema que estão *chipados* e, quem sabe, esse livro também os ajude a descobrir seus valores, entender sua missão, e então, entrarão no seu fluxo divino. Sei que terá que acontecer um movimento muito grande para todo despertar dessa autoconsciência do Plano Zero, mas o *start* dele foi dado aqui. Quanto mais pessoas estiverem conosco, mais vidas serão transformadas, mais vendas com a missão alinhada e mais respeito entre homens e mulheres.

Fico com nojo sempre que deixam aquilo subentendido no ar e decidi que não ia me calar. Somos consideradas fracas quando vamos às redes sociais para denunciar, mas penso exatamente o contrário!

Se estou lá, vendendo, infiltrada no universo empresarial que, infelizmente, ainda é predominantemente machista, é porque tenho sonhos. Sou a CEO do meu lar.

Toda provisão vem do meu suor, do meu esforço. Estou ali lutando pela minha missão, pelo meu sonho. Sou o pilar financeiro da minha casa e da minha família.

Obrigada às mulheres ativistas que já lutaram e que ainda lutam pelos nossos direitos, e em prol da mulher empreendedora, empresária e investidora, as quais nomeio a todas como grandes vendedoras. Desculpem por já ter julgado vocês. Mais uma vez, minha gratidão à causa.

Agora, como nunca, lutarei por esse assunto e levantarei essa bandeira: por mais mulheres empreendedoras e guerreiras. Não tenhamos medo do que virá. Precisamos enfrentar e passar por isso juntas.

Mulheres ou não, empresárias(os) ou não, todos nós precisamos entender que o crescimento quase sempre está ligado à dor! A cada capítulo, estamos dialogando sobre o Seu Plano Zero e trazendo propostas de exercícios.

O propósito disso tudo é realinhar você com o seu Eu Absoluto. Voltar ao Zero é ter planos, traçar metas e objetivos sem vitimismo, tendo ciência dos desafios enfrentados até aqui.

Se necessário, volte aos capítulos anteriores e releia as instruções, refaça os exercícios. Não tenha medo. Tenha coragem e recomece. Se doer, ótimo. Enfrente, lute e vá adiante.

Por falar em "seguir em frente", aqui é preciso fazermos uma pausa para incluirmos o seu planejamento estratégico e os objetivos de médio a longo prazo do seu Plano:

Como você imagina a sua vida daqui a 5 anos? Escreva sobre isso.

____

____

____

____

____

____

____

Como você imagina a sua vida daqui a 15 anos? Registre detalhes.

____

____

____

Para os objetivos traçados até aqui, você precisa cumprir tarefas que te levarão a cada conquista, pois uma coisa leva à outra. Assim, **monte um quadro de tarefas diárias, a ser seguido por três meses.**

Se preferir, cole *post-its* com cada tarefa e vá descolando os lembretes a cada item que foi terminado. Use o espaço a seguir para rascunhar e planejar.

E lembre-se de sempre ser grato. Quanto mais você for grato, menos vai se importar com as dores externas que vão tentar te atingir. Cada vez se sentirá mais forte para o novo desafio da vida e o de vendas.

E assim, termina a primeira parte deste livro.

Até este momento, meu objetivo era treinar você para aumentar pelo menos um grau da sua autoconsciência e preparar para receber o que está por vir no capítulo da perfeição, de número 7.

Na **Bíblia**, existem mais de 360 passagens que citam o número 7, excetuando-se aquelas que mencionam os seus múltiplos diretos e indiretos. O 7 é o número da perfeição, ele representa a **espiritualidade**, é o símbolo da totalidade do Universo em transformação. 7 são os dias da semana, as cores do arco-íris, as maravilhas do mundo.

E quero me despedir de você, porque sei que depois do próximo capítulo, você não será mais o mesmo e conhecerei "outro você".

Eu quero te dizer que eu adorei te conhecer. Desse jeitinho que você é, com seus defeitos, com suas qualidades. Mas, chegou a hora de você voar e cumprir o que deve ser cumprido.

Obrigada por estar aqui comigo e por confiar em mim.

Nos vemos em breve.

Que você tenha um lindo despertar...

7 A perfeição das Vendas

Um CEO de uma empresa em que eu trabalhava, sempre me dizia: "Fernanda, você é a melhor do mundo!"

Eu achava que ele estava brincando comigo toda vez que falava isso, afinal, ele tinha morado e trabalhado em diversos países ao redor do mundo.

Eu jamais me compararia com a melhor do mundo! Sabia que sempre tinha me destacado em vendas e que era o meu dom, mas, nessa época, ainda não sabia exatamente qual era a minha missão. Sabia que era com vendas, mas ainda não tinha o meu Plano totalmente definido.

Mas ele continuava repetindo, falando isso para as pessoas que trabalhavam na empresa e para clientes. Um dia eu perguntei: "Você fala brincando, né?" E ele disse que "Não", e me falou o seguinte: "Será que você conseguiria transferir o que tem em você para outras pessoas serem assim? Para outros vendedores venderem como você?"

Ele me perguntou algo que eu não soube responder, e aquilo foi como um desafio para mim. E eu adoro desafios!

Mal sabia que tudo eram os Planos de Deus para eu estar aqui com você, hoje.

Então, comecei a meditar sobre isso todos os dias e pensava, orava, me questionava, e fui me conhecendo mais, prestando atenção em mim, me vendo fora, cada ação, reação e tive a resposta para a primeira pergunta.

A Tríade das Vendas – as 3 primeiras chaves: "Fé", "Ousadia" e "Energia".

Deus responde exatamente o que perguntamos. Eu perguntei: "O que é necessário para uma pessoa vender muito?" E ele respondeu: "Essas 3 chaves". Mas não era o suficiente.

Com elas, uma pessoa estaria apta para vender, mas não o suficiente para entregar o melhor de si na sua missão, não para ser considerado o melhor naquilo que faz e expandir suas vendas ao mundo.

Bom, tenho que te contar o que consegui com a Tríade das Vendas: terminar este livro que você está lendo. Mas alguma força maior me falava que ainda não estava pronto.

Eu ainda não tinha feito todas as perguntas, então Deus não teria como me dar todas as respostas que precisava para fechar O Plano Zero e mandar publicá-lo.

Então perguntei a Deus: ***O que faz uma pessoa ser a melhor no mundo com o seu Plano de Vendas?*** (Só de escrever e lembrar, eu, neste exato momento em que lhe escrevo, estou inteira arrepiada, dos pés à cabeça).

E, neste instante, estou emocionada, com lágrimas nos meus olhos, porque eu lembro da emoção que foi esse dia.

A resposta foi:

O QUE FAZ UMA PESSOA SER A MELHOR DO MUNDO COM SEU PLANO DE VENDAS, VOCÊ NÃO POSSUI FERNANDA! E SÓ VOU TE ENTREGAR QUANDO VOCÊ TIVER AS SETE, DAS SEIS CHAVES QUE VOCÊ JÁ POSSUI!

Eu acordei, peguei um papel e uma caneta e comecei a desenhar. Este foi o desenho que fiz naquela noite:

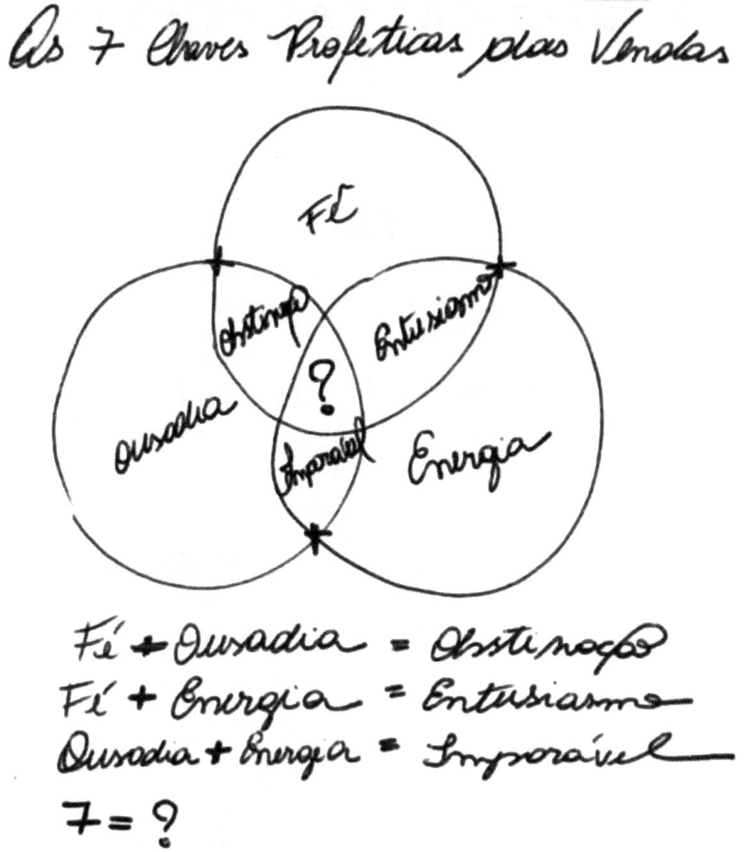

E, então, a sétima chave que faltava, recebi somente depois de adquiri-la. Chegou para mim, 30 dias depois desse desenho. Ela era a Chave Mestra. A chave da perfeição, o caminho certo para todas as outras chaves abrirem as portas certas: a Sabedoria.

AS 7 CHAVES PROFÉTICAS DAS VENDAS

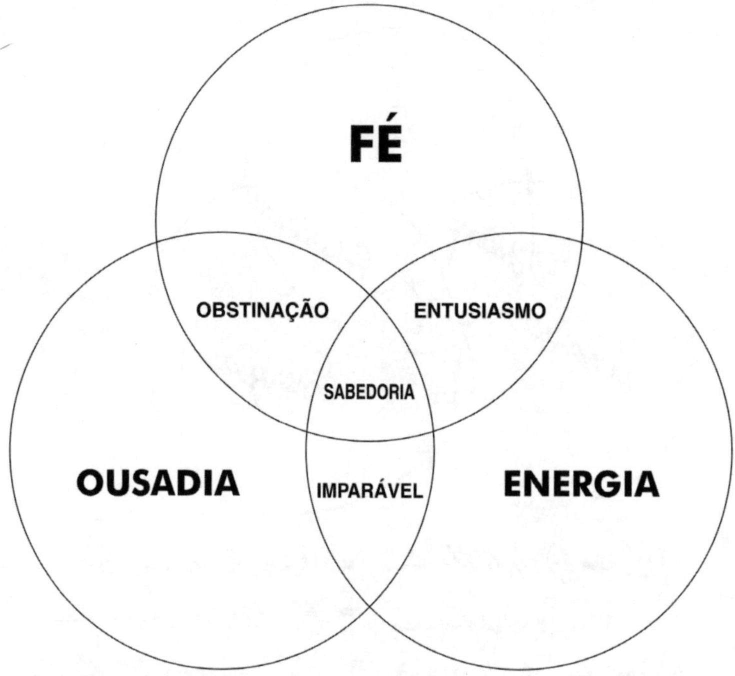

Fé + Energia = Entusiasmo
Ousadia + Fé = Obstinação
Energia + Ousadia = Ser imparável
Sabedoria = Decisões certas

Este diagrama, com estas sete chaves proféticas, veio exatamente assim na minha mente e o transferi para o papel. Tudo então clareou ainda mais.

Durante muito tempo, eu tive seis características dessas chaves proféticas, mas não possuía o seu coração: a Sabedoria.

Eu somente tive a resposta que buscava depois de ter em mim essa chave que faltava.

Vou explicar cada uma das sete chaves:

. Fé
. Ousadia
. Energia
. Entusiasmo
. Obstinação
. Imparável
. Sabedoria

Essas são **AS SETE CHAVES PROFÉTICAS DAS VENDAS:**

Chave 1 - Fé

Claro que você deve ter plena convicção de que atingirá seus sonhos e objetivos através do que vende, assim como deve ter certeza de que aquilo que vende resolve um grande problema, tendo isso como missão.

Mas não é dessa fé que falo aqui! Falo de uma fé acima disso, a fé inabalável!

Os treinamentos de fé, que estamos acostumados a ouvir, acionam provas sociais, experiências anteriores de vendedores que realizaram seus sonhos e de clientes satisfeitos com a compra do produto ou serviço para implantar a credibilidade, através do que estavam vendo. Mas eu acredito que a fé está muito além do que vemos.

A fé que vem da experiência com Deus é imensuravelmente incorruptível. Claro que conseguimos instaurar a fé através da convicção em fatos e em coisas palpáveis, mas sabendo que pode haver suscetibilidade.

Tudo é vulnerável. Não controlamos as crises, as pandemias, ou até mesmo coisas como a empresa pegar fogo, as guerras ou qualquer outro fato externo que possa acontecer. E, nesse momento, se não houver uma fé maior no que acreditamos e que, de repente ,desapareceu dos nossos planos, não tem em que nos apoiarmos. O resultado disso: a grande era da depressão.

Mas, ao depositar nossa fé em Deus, que é o Criador desses olhos que me leem, temos a fé ilimitada, que é incomparável.

Aumentamos a nossa fé, pedindo-a a Deus, conversando com Ele, entendendo o que Ele fala através da Sua palavra e, aumentando a nossa intimidade com ele, O sentiremos o tempo todo.

E, então, começamos a sentir uma força maior que nos impulsiona, independentemente do que possa vir a acontecer no mundo material.

Há muitas maneiras de fortalecer a fé. Uma delas é cantando louvores, outra é sendo grato. Abaixo seguem alguns exercícios para você treinar a sua gratidão.

Pelo que você é grato? A partir de hoje, todos os dias da sua vida, ao acordar, escreva pelo menos dez razões pelas quais você é grato e sinta-se feliz por isso. Se preferir, você pode escrever mais de dez razões. Quanto mais grato for, melhor.

____

____

____

____

____

Como você demonstra a sua gratidão às pessoas?

____

____

____

____

____

____

Você tem o hábito de agradecer todos os dias? Comente.

____

____

____

____

____

____

Chave 2 - Ousadia

Sem a ousadia, uma pessoa não tem atitude suficiente, diante de situações difíceis. A Ousadia é o oposto da timidez.

A timidez é uma trava que foi instalada em algum momento da vida de uma pessoa, ou mesmo por uma carga genética em seu DNA. Essa trava é desfeita quando você tem a autoconsciência de que não precisa mais carregá-la, e liberta todas as crenças que te limitam de ousar.

Uma pessoa sem ousadia não consegue ter iniciativa para grandes missões, para arriscar quando necessário.

Ousadia é diferente de ser rebelde. A rebeldia está associada àquele ser desobediente, revoltoso, revoltado, agitador, insubordinado, indisciplinado. Consegue entender a diferença? Um é muito bom; o outro, muito ruim.

Ser ousado é passar por cima do medo. É saber que o "NÃO" sempre é uma opção, mas a sua ousadia é capaz de reverter "nãos" em "sins".

Para cumprir o seu Plano, e chegar no maior número de vendas e vidas transformadas, você vai precisar ter ousadia, senão, não completará sua missão.

Faça uma reflexão:
Quando você conquistou algo que queria muito, precisou ter ousadia? O que sentiu? Qual sentimento você deve ativar para receber a ousadia?

____

____

____

____

Seus objetivos são ousados? Comente.

____

____

____

____

Liste 3 ações ousadas que você vai colocar em prática e a data que vai iniciar e finalizar para a realização do seu Plano de Vendas:

____

____

____

____

____

____

Chave 3 - Energia

É como nossos hormônios do bem-estar: como a vitamina D, que adquirimos através da exposição de nossos braços e mãos por 15 a 30 minutos ao sol; ao ler livros que nos edifiquem; ao praticar esportes; a contar com alimentação saudável... Sem a Energia, a Fé e a Ousadia não saem do papel, pois não têm o movimento necessário.

A energia vai movimentar e colocar em ação todas as outras Chaves.

Por isso é importante canalizar a energia para uma frequência que as grandes empresas chamam de "Mentalidade Positiva". Além de fatores que podemos fazer diariamente para adquirirmos a energia que elevam as outras.

Mas também existem técnicas que utilizamos e ensinamos nos treinamentos que alteram o estado de energia para as pessoas venderem mais:

- Ferramenta da Visualização: modifica os hormônios, aumentando a energia e a força para agir;
- Músicas que elevam a frequência positiva;
- Depoimentos positivos de pessoas de sucesso;
- Vídeos que elevam a frequência.

Energia é algo que sempre vem seguido de Atitude.

Um sonho sem energia, é apenas mais um sonho.

Ao colocarmos a nossa energia para aumentar a temperatura e o movimento, em um determinado tempo, aquilo vai ser materializado. Se sonhamos ou apenas desejamos algo, aquilo pode nunca se realizar, pois demandou menos energia.

Você já realizou algo, ficando sentado, apenas sonhando? Você já conseguiu vender alguma coisa apenas se lamentando ou querendo vender? Para colocar energia em algo que você quer que aconteça, é preciso mudar a frequência na qual você está vibrando.

Você sabia que nós não vendemos quando estamos em uma baixa frequência de energia? FREQUÊNCIAS? Quer vender o seu talento e espalhar ao mundo aquilo que foi predestinado a fazer?

Abaixo, lanço um novo desafio. Desta vez, para ajudá-lo a vibrar em outra frequência: o Desafio da Energia!

Qual música te deixa feliz? Cante essa música, pelo menos uma vez ao dia, de preferência pela manhã. Eu gosto de muitas músicas, mas prefiro cantar os louvores, porque, além de aumentarem minha energia, também aumentam a minha fé.

(Se quiser, use uma escova de cabelo ou o seu celular como microfone, aqui o que importa é se divertir com você mesmo, se sentir alegre.)

Olhe-se no espelho enquanto canta essa música.

Ria de si mesmo! Você é lindo (a) e feliz! Dance, solte o seu corpo!

Lembre-se de que não há mais ninguém olhando (ou, se tiver, você acabará contagiando o ambiente com uma vibração altíssima de endorfina, além de estar feliz!)

Agora, sim, você está vibrando na energia certa para fechar as suas vendas. Estudos mostram que cantar produz endorfina, a mesma substância gerada quando realizamos exercícios físicos.

Além de ter uma potente ação analgésica, esse hormônio também estimula a sensação de bem-estar, autoconfiança, otimismo e conforto.

Desafio: **faça esse exercício prático agora. Cante, dance, sorria, solte-se, sinta a vibração do seu corpo e eleve a sua energia!**

Sempre que você equalizar o seu campo energético, ficará mais fácil identificar as objeções e quebrá-las. Muitos me falam: "Fernanda, está difícil vender, pois eu já ofereci, mas a pessoa não disse nem SIM, nem NÃO"...

Identificando as objeções, fica mais fácil de quebrá-las. É bom quando percebemos que a pessoa está em dúvida, porque, assim, podemos ajudá-la a decidir e a enxergar as soluções.

Com fé, sendo ousado e estando com a energia em dia, podemos nos conectar de modo mais eficaz com as pessoas. Se você acredita no seu produto ou serviço, mostre isso ao mundo.

Use sua energia, que agora vibra em níveis mais elevados, para criar cálculos e mostrar ao seu cliente em potencial quanto ele está perdendo por não ter investido e comprado com você, comprado de você.

Mostre, também, o outro lado. Faça com que as pessoas entendam o quanto estão ganhando estando ao seu lado. Isso é bom, pois faz com que haja mais fechamentos e, portanto, vendas mais assertivas.

Para tornar o seu serviço objeto de desejo de futuros clientes, e não um mero leilão, como tem acontecido pela internet atualmente, você precisa usar a sua energia para dialogar.

Fale ao mundo como você soluciona a necessidade do seu cliente de forma única, e mostre porque as pessoas devem comprar você, e não o seu concorrente.

Aliás, concorra apenas consigo mesmo, com mais ninguém. Você é único, tem diferenciais. Logo, cuide do posicionamento da sua marca e de si próprio.

Observe como as referências do seu ramo estão atuando no mercado. Você pode modelar estratégias que já dão certo e, assim, demonstrar o seu valor único.

Fale sobre si ou mostre seus serviços, deixando claro quais são os seus diferenciais. Venda mais (e melhor!), sempre.

Chave 4 - Entusiasmo

O entusiasmo é a soma das Chaves-Base: Fé + Energia.

Essa Chave ultrapassa a Energia. A energia com frequência positiva e movimento certo, somada com a mais alta fé, gera o estado de ***Inspiração Divina.*** Sabe aquela pessoa que chega e todos percebem sua presença? E não é pelas roupas, joias ou carro. É pelo seu espírito. Ela brilha onde chega, até incomoda os invejosos, porque realmente está em um estado em que não precisa falar muito para todos sentirem sua presença, quererem estar perto e fazer negócios com ela, mesmo sem saber o que ela vende.

Alguns treinamentos de vendas que fiz não ensinaram o entusiasmo. Eles ensinaram a motivação.

Nem todos conseguem chegar a esse estado pelo fato de não estarem com a Fé em uma frequência para inspirar essa Chave.

Algumas empresas multinacionais treinam sua equipe de vendas através do Reconhecimento por metas alcançadas. Mas, assim, o que eles mais conseguem com essas ações é a Motivação, que é passageira e, então, muitas vezes, treinam o vendedor a sempre querer mais Motivação, através de uma próxima recompensa. Se um dia algo não der certo e o vendedor não conseguir essa recompensa, ou a empresa, por algum motivo, tiver que limitar essa ação, temos um vendedor desmotivado.

Um exemplo disso são os prêmios das viagens internacionais incríveis e inesquecíveis como recompensa para os melhores vendedores.

Na pandemia isso foi instinto. Se você treinou seu rato a comer o queijo toda vez que chegava naquele lugar, ele não verá mais sentido em ir para aquele lugar se não encontrar mais o queijo. Não adianta querer dar maçã.

Ou treinamos pessoas para serem Entusiasmadas pela vida, ou a Motivação levará à Depressão.

Em meus Treinamentos, eu treino o Entusiasmo através da Autoconsciência das Experiências de Superação que a pessoa teve, e direciono os sentimentos da ira para ações que vão levá-la à conquista dos seus objetivos, assim como os Estados de Felicidade e Amor para a Fé inabalável.

Chave 5 - Obstinação

Ao atingir um nível alto de Ousadia e Fé, temos a Obstinação.

Ela é a persistência tênue de algo. A busca pela Excelência.

Geralmente, pessoas que passaram por grandes dificuldades e se levantaram, somando com a paixão pelo que fazem, as tornam obstinadas.

Utilizo no meu Treinamento ferramentas da **autorresponsabilidade** para mostrar que cada um tem o poder de mudar sua realidade. Pessoas obstinadas não são vítimas. Elas sabem que sua realidade foram elas mesmas que criaram, e somente elas vão conseguir mudar isso.

Outra dinâmica empregada é a construção de um modelo mental otimista. Para isso, é preciso treinar a mente e deixar os padrões negativos de lado, potencializando as qualidades que aquela pessoa já possui, lembrando do legado que ela tem que cumprir e praticando o hábito da gratidão, porque pessoas obstinadas sempre encontram razões para agradecer e superar os erros para o futuro triunfo.

Chave 6 - Imparável

Acima da Ousadia e com a energia inabalável, temos o ser Imparável.

Essa é uma característica dos melhores do mundo, dos Heróis, dos que fizeram história, daqueles que marcaram gerações.

Nada e ninguém consegue mais cessar, abalar ou reprimir uma pessoa imparável..

Elas já sabem da sua missão no mundo e nenhum adjetivo, fofoca ou acusação consegue atingi-las.

Um exemplo disso é você não se vitimizar e se levantar de qualquer situação que tenha passado.

Eu dou um exemplo real do que vivi. Passei dias comendo na casa de outras pessoas, porque eu não tinha dinheiro. Já fui andando quilômetros de distância para a Faculdade de Direito, porque eu não tinha dinheiro para o metrô.

Comi miojo durante meses, porque precisava pagar pelo quarto em que morava e era o que dava para comprar para comer. Estive sozinha muitas vezes e, assim, aprendi a lutar e não tive dó de mim, mas me tornei imparável.

Houve épocas em que trabalhei em três lugares ao mesmo tempo, estagiando em grandes escritórios em execução de terras e, depois, tributária. Vendendo, vendendo e vendendo.

Aprendi que a minha paixão é negociar. Aprendi sobre pessoas, adaptando-me a qualquer situação e, também, pensando diferente. Eu estudei tudo que o possa imaginar sobre Neurociência.

Coloquei em prática muitas coisas e apliquei tudo o que pude na minha vida, ensinando muitas pessoas a terem o controle da sua mente. Hoje, eu só queria falar isso para o mundo.

Faça e queira o bem; pense e sinta o que quer ser. É como uma mágica. A vida vai te devolver. Esteja preparado para as lutas, pois sem elas, suas conquistas não teriam graça. Simples assim.

As grandes histórias são as que marcam, pois envolvem propósito. Isso é algo maior que você mesmo. Com o que você pode ajudar as outras pessoas? Qual marca vai deixar àqueles com quem se conectou?

Como você quer ser visto? Por sua geração ou por sua hereditariedade? Ao seguir o Plano, você fixa alicerces para a sua história, pois assume que sem dinheiro não atende às necessidades para cumprir o seu legado.

Só experimentamos as vendas ao comprarmos. Podemos viver (ou não) os nossos sonhos hoje. Se planejarmos o que queremos e vivermos as nossas metas todos os dias, em breve, tudo estará materializado.

O caminho molda, transforma e nos deixa prontos para fazermos grandes descobertas sobre a vida e sobre nós mesmos no amanhã. O Plano Zero nos deixa imparáveis, porque nos protege e nos impulsiona para frente, e não para trás.

Eu poderia ficar remoendo o passado e me martirizando por várias coisas, como o fato de nunca ter passado nenhum Dia dos Pais com o meu pai, por exemplo.

Mas está tudo bem, pois entendo que fiz o que eu pude e ele também. Já disse aqui que Entropia tem a ver com perdoarmos verdadeiramente a nós mesmos e aos outros.

O Zero Absoluto tem ligação com conseguirmos olhar as situações pela perspectiva do outro, por maior que seja a diferença dos pontos de vista. É mais fácil perdoar a quem nos pede perdão.

Perdoar, como ato de libertação, deve ser algo incondicional. Não perdoar é uma forma de egoísmo, porque aceitamos a dor e a carregamos sozinhos, sem considerar pelo que o outro já passou.

Seja livre, e cuide como você age e observe as ações dos outros, que não têm nada a ver com você. As pessoas apenas entregam aquilo que têm. Elas não aprendem com as suas palavras, mas com o seu exemplo.

Os valores que construí se devem ao perdão de tudo que um dia foi mágoa. Consegui olhar e ver o lado bom de lutar sozinha, ao invés de me vitimizar.

A mágoa é um peso e o caminho do perdão pode até doer, mas é libertador você conseguir amar, sem repetir padrões. Seja feliz em qualquer circunstância.

Seja luz, mesmo rodeado de escuridão. Não fique furioso, acalme-se e brilhará. Deixe que a sua luz brilhe tão alto e forte, de modo que o outro saiba que você é especial, mas não mais especial do que os outros.

Todos são especiais, cada um a sua maneira, embora algumas pessoas tenham se esquecido disso. Apenas seja a luz que você quer no mundo, e se lembre de que projetamos aquilo sobre o que pensamos.

Além de pensar, organizamos e planejamos, para seguirmos concretizando com especificidade. O futuro é hoje e não amanhã, pois o homem possui muitos poderes, menos o de parar o tempo.

O futuro chega todos os dias, e se você não planejar a sua felicidade e não mudar o seu comportamento hoje, com relação ao que pensa e sonha viver, o resultado não dependerá de você.

Dependemos do ambiente externo em que vivemos, mas isso não traz nossas próprias realizações. Comece a criar a sua vida, o seu futuro e a sua felicidade.

O Plano está nas suas mãos. Quantas pessoas você conhece que eternizaram o próprio nome? E quantas empresas? São raros os casos, não é?

E você? O seu legado equivale à sua missão? Lembrando que ela deve estar conectada ao seu propósito, ao seu talento natural, independentemente da profissão ou da atividade que escolher.

Utilize-se do seu propósito como a sua atividade principal e eternizará o seu nome para as pessoas que você ama ou que se conectam com você. Isso mesmo! O seu talento, muitas vezes, pode não estar ligado à profissão escolhida.

Está tudo bem, está tudo certo. Você pode exercer a sua profissão e não ser a paixão da sua vida. Mesmo assim, poderá exercer o seu propósito. Por vezes, mudar de profissão pode não trazer o sentido de vida que você busca.

Ou sim. Pode. Medite sobre isso. Reflita. E decida realizar o seu propósito em qualquer área que escolher, pois ele está ligado ao seu talento.

Leve alegria e conforto às pessoas, e se conecte com elas cuidando, ensinando, inspirando. Salve vidas amando, ouvindo, dedicando-se, investindo o seu tempo ao mundo, com amor.

Ser imparável é ser verdadeiro consigo mesmo, entender todas as suas qualidades e limitações e potencializá-las, para corrigi-las e tentar ser melhor, todos os dias.

Isso porque ser imparável é saber pensar rapidamente para tomar decisões, e nada melhor para treinar essa chave do que saindo da zona de conforto.

Utilizo nos meus Treinamentos presenciais um treino para formar imparáveis: dinâmicas que vão ensiná-los a agir sob pressão. Pessoas que não sabem agir sob pressão vão desistir na primeira dificuldade que tiverem ou no primeiro problema que precisarem resolver e não souberem como fazer. Elas devem, sim, querer dinheiro e amar ter dinheiro, afinal, ele em qualquer ocasião é bom, mas elas não correm por isso, ele é apenas uma consequência do motivo pelo qual as pessoas lutam.

Vou dar aqui o meu exemplo: transformar a vida do maior número de pessoas e empresas com Treinamento e Movimento de vendas: O Plano Zero

Não tenho o objetivo de levar esse Treinamento apenas para

os empresários e grandes empresas, mas também para pessoas que jamais poderiam ter acesso a esse conteúdo. Quero conscientizar essas pessoas que elas podem ser tão grandes no que elas nasceram para fazer e vender, quanto eu ou você, ou Napoleon Hill e Og Mandino.

Eu vou ensiná-las que o que faz a diferença é a forma que elas aceitam pensar sobre quem elas são e, depois disso, transferir o que tenho de vendas em mim a elas.

Chave 7 - A Perfeição da Sabedoria

Ela exerce impacto direto nas vendas. É a Chave do Coração das Vendas.

Entendi que grandes vendedores podem, sim, ter sucesso com seis chaves, mas o que vai dar a estrutura para o sucesso acima das vendas, como, por exemplo, no relacionamento com as pessoas, com a equipe, com os clientes, com os colaboradores ou com os subordinados, com as finanças e com própria vida pessoal é a Sabedoria.

Na maioria das vezes, as pessoas, para terem excelência, buscam tudo antes dela, assim como eu fiz.

Deixamos a Sabedoria por último. Depois de termos feito escolhas erradas, conexões erradas, de sermos enganados, machucados, lembramos dela. Resolvemos nesse momento, então, parar de errar, de acreditar.

Ela te traz tranquilidade, plenitude, equilíbrio e te ensina o caminho da felicidade.

Isso tudo faz com que o vendedor (todo vendedor, um médico, por exemplo, deve ser um vendedor do serviço dele), independentemente da venda que exerça, diminua o tempo para realizar seus sonhos. Cada vez que agimos sem a Sabedoria, damos um passo para trás, retornamos para aprender, e perdemos o jogo. Mas claro! Sempre temos uma nova oportunidade de acertar e, para isso, precisamos perdoar nossos erros. “Agora eu aprendi e vou acertar!” O erro nunca é bom. A vida que é misericordiosa nos dá chances de acertarmos quando adquirimos a sabedoria, mas até lá, podemos escolher continuar errando e sofrendo.

E, se não acertarmos na próxima, ficamos mais longe até adquirirmos essa Chave.

Bom, meu caro leitor(a), errar nunca é algo agradável!

Mas a boa notícia é que não precisamos prorrogar nossos sonhos pela falta dela. Podemos colocá-la em primeiro lugar.

E como treinar a Sabedoria?

São 31 capítulos, peço para ler um por dia, e em 31 dias o resultado que temos é a diminuição de muitos anos de erros para atingirmos mais rápido a excelência. Esse livro é tão sábio e traz uma autoconsciência tão engrandecedora que basta estudá-lo para você entender o que estou falando e diminuir anos de erro na sua vida.

Mas, outros treinamentos das empresas multimilionárias, geralmente não indicam essa leitura e eu respeito. Eles utilizam ferramentas que eu também utilizo, além do livro indicado.

Esta ferramenta faz as pessoas refletirem sobre o processo dos erros, analisando suas experiências e colocando seu conhecimento e vulnerabilidades em teste para que o indivíduo tenha a percepção de que se não mudar ou melhorar naquele aspecto, estará se autoprejudicando.

Chamamos de Autoconsciência. Aqui, sair da ilha para conseguir enxergá-la é um caminho para elevar a Sabedoria.

Isso fechou as características nunca reveladas antes do sucesso das vendas.

É algo mais intrínseco do que qualquer outra técnica ou ferramenta de vendas.

São as qualidades de performance máxima que uma pessoa deve atingir para vender e expandir sua missão de vendas nesta Terra.

Um Sonho sem um Plano é apenas mais um sonho 8

Quantas pessoas não realizam os seus sonhos por não saberem calculá-los ou por não darem a devida importância? Quantos sonhos que poderiam ser realizados por pessoas se soubessem a importância de:

- **Plano de Marketing;**
- **Plano de Vendas;**
- **Plano Financeiro;**
- **Plano de Vida;**

Para continuar com o Plano, basta planejar tudo o que deseja realizar na sua vida. Você precisa ter um Plano de Marketing, de Vendas, Financeiro e de Vida detalhados. É algo essencial para que você possa continuar na sua missão, para realizar aquilo que chamo de recompensa pelo que realizou.

Há tempos eu tenho ensinado pessoas a venderem e a montarem uma escala de produtos para seu público, de acordo com a missão.

Porém, minha maior experiência até aqui, foi em ensinar pessoas a estratégia de vendas de alto ticket. Claro que a Metodologia O Plano Zero pode ser aplicada a qualquer tipo de vendas, e acredito que quanto mais você vender, mais terá possibilidade de ajudar outras pessoas.

Todavia, independentemente do público ou do produto que for vendido, para ter sucesso com vendas, você precisa ter um Planejamento em todas essas áreas que citei.

Todo Plano, para ser efetivado, deve ser percorrido por estratégias planejadas antecipadamente antes de ser iniciado. Ou seja, não adianta eu ensinar você a fazer o fechamento das suas vendas, sem antes você percorrer um caminho.

Já falamos sobre a importância de transbordar energia e do quanto isso fará com que você venda e atraia não só boas conexões, mas também os clientes ideais e os profissionais certos para te auxiliarem.

Neste momento, eu sei que você já sabe a sua missão de vida e de vendas. E, a partir de agora, todos os Planos que for fazer devem estar baseados dentro dessa missão, mesmo as conquistas pessoais.

A seguir, você fará alguns exercícios para que possamos iniciar seu Plano de Vendas.

Em cada uma dessas perguntas, quero que você responda em relação a estas quatro esferas:

- **Marketing**
- **Vendas**
- **Financeira**
- **Pessoal**

1. Defina seus objetivos e faça planos para alcançá-los, visualizando sempre a sua missão.

Responda:

a. Qual é o seu principal objetivo ?

____

____

b. O que você quer conquistar em três meses?

____

____

c. O que você deseja atingir em seis meses?

____

____

d. O que você deseja alcançar em nove meses?

____

____

e. O que você terá, será e fará em um ano?

____

____

2. Quais são os seus motivos para sorrir, hoje?

____

____

Por quais motivos você quer sorrir em três meses? E em um ano?

____

____

Para entender aonde você quer chegar, você precisa saber aonde você está indo. Aqui, você terá a oportunidade de entender quantas vidas precisa impactar e ajudar a realizar os sonhos com suas vendas para, consequentemente, realizar os seus sonhos. Afinal, lembre-se que você somente irá receber quando der algo em troca. No caso, quando você vende seu produto ou serviço, está doando o seu conhecimento, o seu tempo, atendimento e a oportunidade de as pessoas terem uma vida melhor, em algum aspecto, com o que você entrega.

Depois de descobrir, retornar ao seu Zero Absoluto, conhecer-se melhor e entender sua missão de vendas, além de conhecer muito bem o seu produto, seu cliente e o mercado em que atua e, além disso, estar sempre atualizado com todas essas questões.

Em meus Treinamentos e Mentorias, muitas vezes, atendo grandes empresários que nunca tiveram acesso a essa análise. Por isso, achei conveniente trazê-la aqui no nosso Plano. Se você já a conhece, indico preenchê-la novamente. É importante sempre atualizar essas informações devido à acelerada transformação que vivemos do mercado, da concorrência e de novas oportunidades.

Para isso, nada melhor do que esta análise do quadro a seguir:

Se você quiser essa tabela virtual, disponibilizamos para você. O link está na Bio do instagram @fernandascatolin7

Potências	Fragilidades
- No que você é bom? - No que você se diferencia dos demais? - O que os outros veem como suas potências?	-Quais fragilidades você possui? - Em que pode melhorar? - O que os outros veem como suas fragilidades?
Oportunidades	**Riscos**
- Como pode transformar a sua Potência em oportunidades? - Que tendência/novidade no seu mercado você pode aproveitar nas suas vendas e empresa?	- Em que esses riscos podem prejudicá-lo? - As suas fragilidades expõem as suas vendas (seu negócio) a quais possíveis riscos?

Potências

____

____

____

Oportunidades

____

____

____

Fragilidades

____

____

____

Riscos

____

____

____

Você vai se sentir muito mais seguro quando identificar esses fatores.

Pode-se dividir essa análise em: situações **internas,** em que serão identificadas as suas potências e as da sua empresa; e a análise em situações **externas,** em que estão as oportunidades e riscos.

A sua **Potência** é o que você tem de melhor em você, suas vendas e no seu negócio ou na empresa em que trabalha. Ela o destaca dos seus concorrentes.

Ao identificá-la, você deve potencializá-la ainda mais ao seu favor. Aumente muito a Entropia aqui! Você deve gritar para o mundo através de estratégias de Marketing.

As Oportunidades são as novidades e tendências as quais você deve ficar atento, para aproveitar e sempre estar atualizado no seu mercado. **Você deve estar atento para saber o momento adequado para a realização de algo.**

Um exemplo são as empresas que aguardam o momento oportuno de lançar suas novidades, mesmo muitas vezes estando prontas há muito tempo. Você deve analisar as ocasiões externas para isso.

Não basta saber exatamente quais são os seus sonhos, sem calculá-los, tirá-los do papel para serem realizados e diminuir qualquer risco que possa acontecer, que não esteja sob seu controle. Os alunos da mentoria e treinamento do Plano Zero recebem uma planilha de Planejamento Financeiro para organizarem suas metas, receitas, despesas e todo Planejamento Financeiro. Mas essas perguntas irão ajudá-lo a entender e iniciar seu Plano de Vendas e Planejamento Financeiro, caso ainda não possua. Você deve ter isso na sua empresa e na sua vida pessoal e familiar.

Qual a sua receita mensal e anual? *(Ex.:R$ 20 mil mensalmente e R$240 mil anualmente).*

____

____

Qual o seu custo de vida hoje mensal e anual? Aqui você deve calcular as despesas fixas e as variáveis. *(Ex.: R$18 mil mensalmente e R$216 mil anualmente).*

____

____

Qual o valor que você possui de Recursos Financeiros? (Que tem guardado ou investido?) E qual valor que possui em Patrimônio? E defina aqui se você vai querer integralizar esses recursos para realização dos seus sonhos e metas. (*Ex.: Possuo um Patrimônio - um apartamento de R$ 500mil e mais R$ 100mil em uma aplicação no banco e vou utilizar apenas o recurso do apartamento para a realização do meu sonho. R$500 mil).*

Quanto custa o seu sonho? Pode calcular o valor de tudo que pensa em conquistar. Cite detalhadamente o que é e o valor de cada um e o tempo em que deseja realizar. Depois calcule o valor total. *(Ex.: Casa em 02/01/2022: R$1 milhão, viagem em 07/2022: R$ 50 mil, intercâmbio dos filhos em 07/2030: R$ 80 mil TOTAL: R$ 1, 130 milhão).*

Qual valor médio líquido que recebe por cada venda que faz de produto(s) ou serviço(s)? *(Ex.: Por venda:R$ 2 mil) e para quantas pessoas você vende ou quantos contratos você fecha por mês? (Ex.: 10 pessoas ou contratos, total R$20 mil).*

Quanto você precisa vender no tempo em que estipulou seus sonhos para conseguir realizá-los? Não esqueça de descontar o valor dos custos fixos e variáveis. *(Ex.: Casa em 01/2022 R$ 1 milhão. Se hoje, vendo para dez clientes o valor total mensal de R$20 mil e minhas despesas totalizam R$ 18 mil, restam apenas R$2 mil por mês para eu fazer o meu Planejamento Financeiro. Logo, R$2 mil x 8 meses (tempo que estipulei a realização) = R$16 mil.*

Então = R$1 milhão (sonho) - R$ 16 mil = Faltará R$984 mil - R$500 mil

Então R$984 mil - R$500 mil (valor do apartamento que darei para a realização) = R$484 mil - Valor TOTAL que preciso em 8 meses para realizar o sonho / 8 = R$60.500 mil

Ou seja, preciso aumentar minhas vendas em um lucro líquido de R$60.500 mil por mês até Janeiro de 2022.

Faça o cálculo para todos os seus sonhos:

Para quantas pessoas você precisa vender para realizar o seu sonho no tempo que estipulou? *(Ex.: Se vendo R$ 20 mil para dez pessoas, para quantas pessoas tenho que vender para ter R$ 60.500mil?*

O cálculo é o seguinte:

R$ 20 mil - 10 pessoas
R$ 60.500 mil - X pessoa
R$ 60.500,00 . 10 = R$ 605.000,00 : 20.000,00 = 30,25
Resposta: Preciso vender para mais 31 pessoas por mês para ter o valor de R$ 60.500 mil).

Dessa maneira, você consegue visualizar a tangibilidade do seu sonho. E então decide se vai aumentar o prazo para dividir a meta em mais tempo, ou se vai prospectar mais clientes, no prazo determinado, para concretizar os fechamentos necessários para realização do seu sonho.

Sobre o Planejamento Financeiro, é imprescindível você ter o seu muito bem estruturado, assim como as vendas. Achamos que podemos controlar tudo, mas não podemos. Não controlamos o tempo. Imprevistos da natureza e doenças podem acontecer. Mas a maioria das pessoas (aqui no Brasil), continua agindo com irresponsabilidade, como se o amanhã não existisse e, na maioria das vezes, as pessoas não estão preparadas para imprevistos que acontecem todos os dias, pois acreditam que apenas com elas nada pode acontecer.

E, então, criam uma cultura de acabar com todo o dinheiro que guardavam para realizar sonhos, destruirem seu próprio patrimônio ou dos próximos, ou falirem. Ou, mesmo, terem uma terceira idade com poucos recursos financeiros e até sem dignidade alguma, virando dependentes de seus familiares. Isso é muito triste, porque não é um país que ensina Educação Financeira.

Mas acredito que, assim como a Cultura de Vendas, as pessoas estão muito mais receptivas para entenderem sobre a importância de estarem com seus bens e família fora dos riscos que a vida oferece.

Precisaria escrever um outro livro com todos os detalhes que esse assunto aborda. Mas decidi presentear você com essa planilha que utilizo nos meus Treinamentos para fazer o Planejamento dos meus alunos e Mentorados.

Se você quiser a Planilha por email e as orientações de como preenchê-la, entre em contato com o direct do meu instagram ou Telegram, que minha equipe encaminha para você.

PLANILHA DE RECURSOS NECESSÁRIOS (ACUMULADOS) Situação atual										
Despesas	38	40	45	50	55	60	65	70	75	80
Dia a dia básico										
Moradia										
Sonhos										
Educação/ cursos										
Eventualidades										
Restabelecimento de vida										
Inventário										
Necessário total										
Receitas										
Venda líquida										
Pensão*										
Recursos financeiros										
Seguro de vida										
Patrimônio										
Outras rendas										
Necessário coberto										
Necessário em aberto										
Valores em R$										

Pronto! Você já aprendeu a empreender no papel. Agora vamos aumentar a Entropia: como eu já testei várias dicas, deixo aqui alguns exercícios para desenvolverem a sua ousadia.

Ofereça o seu novo produto, no mínimo, para dez dos seus contatos, fazendo o **Desafio da Ousadia.** Pegue papel e caneta.

1. Ligue para dez pessoas.

2. Diga que se lembrou de cada uma delas e peça se vocês podem agendar um café ou até mesmo uma reunião por vídeo, para conversarem melhor.

3. Dê a opção de duas datas e dois horários para essa reunião ("Você prefere segunda ou quarta?"... "Certo, e quarta, às 10h ou às 14h"?).

4. No dia e na hora da reunião, converse, ouça, seja interessante e, principalmente, interessado.

5. Conte às pessoas o que você está fazendo, converse!

6. Ofereça o seu novo produto.

7. Ao final de cada reunião, anote os principais *insights*.

____

____

____

____

____

____

9 Conectados para um movimento

Definitivamente, você é a média das pessoas que te influenciam. E, geralmente, somos influenciados pelas pessoas que mais convivemos.

Vou dar um exemplo sobre isso: se você se encontra em um ambiente em que as pessoas são preguiçosas ou que reclamam da vida, ou que culpam a política, o Estado ou a família pela situação que se encontram, em pouco tempo você agirá da mesma forma que elas.

Da mesma maneira, se você estiver com pessoas empreendedoras, que criam, que pensam em soluções e no crescimento pessoal e das pessoas, você provavelmente se tornará uma delas.

O que ocorre é que: VOCÊ É O MOVIMENTO AO QUAL ESTÁ INSERIDO!

Aquela velha frase: "Você é a média das 5 pessoas que convive!" é a realidade.

Convenhamos que até conseguimos conversar com todos os tipos de pessoas e respeitar as ideias opostas, ouvi-las e falar a respeito da nossa opinião. Porém, um MOVIMENTO não é criado por pessoas que tenham duas visões ou opiniões divergentes a respeito dele.

Por isso, essa parte do livro é uma das mais importantes para você aumentar as suas vendas: CONEXÕES!

A sua vida é transformada de acordo com o ambiente e com as pessoas que se conecta.

Ao se conectar com pessoas que estão em um nível superior ao seu, não importa se intelectual, financeiro, emocional ou espiritual, você também estará elevando um nível do seu conhecimento nessas áreas e fortalecendo ainda mais a sua capacidade de vender mais a sua missão.

Está se tornando alguém mais interessante e potencializando o seu ser divino.

E como fazer essas conexões?

Ou você é apresentado ao grupo por ter se relacionado e feito amizade com alguém que faça parte dele, ou terá que: PAGAR O ACESSO!

"Nossa, Fernanda! Mas esse livro não fala de Vendas com Missão, Plano Divino etc. e você está falando que acha certo pagar acessos a grupos?"

Bom, acredita que eu já pensei assim? Pensamento de escassez total!

E se você ainda está pensando assim, retorne ao início do livro, porque ainda não entendeu o que são vendas ou ainda tem crenças a respeito de vendas.

Quando falo pagar o acesso, quero dizer que você estará recebendo um pouco do que aquelas pessoas têm para você! E receber o que elas possuem, significa receber de volta o que você pagou. Isso não é sobre preço, é sobre valor.

Pagar acesso significa estar aonde elas frequentam. Por exemplo, se você quer se conectar com um grande CEO, bilionário, de uma determinada empresa, e quer fazer negócios com ele ou apenas ter acesso ao networking dele, e descobre que ele joga golfe na sua cidade, você deve investir em comprar o acesso a esse clube e fazer aulas de golfe. Ainda, deve identificar os dias e horários e se conectar com ele.

Isso, para algumas pessoas, pode parecer muito difícil, não é? Eu não acho um caminho tão difícil, porém, às vezes, você não tem o mínimo interesse e nem mesmo tempo para jogar golfe. Então, qual a outra alternativa? Pagar grupos de *networking* onde esses empresários fazem parte.

Sim! A grande parte de empresários bem-sucedidos fazem parte de grupos de *networking*. Eles se preocupam em sempre estarem se desenvolvendo e fazendo novos negócios, e sabem da importância de participar de um Movimento de Conexão.

Esses grupos são tão fechados e, definitivamente, vivem muito bem sem você! Eles, por algum motivo estão em um nível maior do que o seu! E eles já pagaram por isso no passado, de alguma maneira, e agora você deve também pagar para ter o acesso, ou com dinheiro ou com o tempo, sendo este último mais caro que o dinheiro!

Eu já paguei muitos acessos de grupos de *networking* e, por isso, hoje consegui chegar até aqui. Grandes empresários me conhecem pelo nome, tenho acesso a lugares que antes eu não tinha e já vendi milhões para essas pessoas. Atualmente, trocamos *networking*.

Eu te digo que, se você não quebrar essa crença de que não precisa pagar para ter *networking* ou acha isso caro, sinto dizer que você, neste momento, trava sua mente para subir um nível e ser bem-sucedido como essas pessoas.

Porque, ao contar a história para sua mente de que você não pode pagar por isso, ela entende que você também não está preparado para receber isso.

Ou seja, você não vai vender o que eles vendem. Se você acreditar que não pode entrar em um grupo desses, nunca será um deles.

Se não tem acesso ao que você quer, então, organize-se para poder comprar o acesso e veja o movimento acontecendo na sua própria vida!

Comprei o acesso! E agora?

Quanto mais pessoas você se conectar, mais venderá a sua missão!

"Sozinha, posso ir até mais rápido, mas juntos chegamos muito mais longe."

Nesses grupos que já fiz parte, e no próprio Movimento de Conexões que criei (*Sales Experience*), percebo que há pessoas que pagam o acesso e não se conectam! Ou seja, elas acham que pelo motivo de pagarem o acesso aos grupos, assim como uma mágica, os negócios vão acontecer! E não é assim!

Você precisa pagar o acesso e se conectar, ou seja: FALAR!!! Utilizar a segunda chave profética das vendas, a Ousadia!

Uma dica que sempre dou para utilizar é:

– Seja sempre gentil e educado;

– Sorria e seja sempre sincero, principalmente com o seu sorriso;

– Olhe nos olhos e, se o cliente oferecer um aperto de mãos, faça isso de maneira firme, mantendo o contato olho no olho;

– Mantenha-se entusiasmado e positivo durante toda a conversa;

– Quando ouvir o nome da pessoa ao qual se conectou, aprenda a pronunciar o nome dela de maneira correta e use isso durante toda a conversa. O nome dela soa como a música preferida ao seu ouvido;

– Apresente-se e escute mais do que fala, prestando atenção.

– Esteja em estado de presença na pessoa. Esqueça definitivamente do celular;

– Vista-se com "roupas de negócios", adequadas e mais conservadoras do que o casual, sendo elegante no vestuário e na aparência;

– Não fume, não masque chicletes e nem beba. Se for uma ocasião informal e se você beber socialmente, não ultrapasse dois copos. Esteja consciente o tempo inteiro. Mesmo que suas conexões não estejam;

– Mantenha uma postura ereta, isso transmite confiança;

– Não leve nada que seja desnecessário ou que possa atrapalhar o seu momento de negociação, como um guarda-chuva ou um jornal;

– Não peça desculpas por tomar o tempo da pessoa. Jamais se desculpe ou diga que só estava passando por ali, dando a entender que a visita não foi planejada.

Essas dicas acima são um resumo das melhores maneiras de se conectar tanto em grupos de *networking*, como fora deles.

Na Mentoria e no Treinamento do Plano Zero, eu ensino técnicas e ferramentas de conexão, inclusive todo o curso de Programação Neurolinguística. Mas esse é um assunto para o próximo livro ou para o Treinamento, pois daria mais umas 200 páginas do livro e o objetivo deste livro aqui é você descobrir sua Missão de Vendas e exponencializá-la ao mundo, e não para aprender PNL. Afinal, como eu escrevi desde o início deste livro, de nada adiantaria colocar técnicas e ferramentas de vendas aqui, sem iniciarmos do zero. Este livro é muito mais profundo e você vai sentir o impacto que ele vai ter na sua vida ao terminar a leitura dele. Mas eu me comprometo com você a escrever todas as técnicas e também sobre PNL no próximo livro.

Desejo que você se conecte e aumente o movimento da sua missão!

Através da prospecção e com as indicações, vem a pré-abordagem. Nesse momento, em que surgem os telefonemas, os e-mails e as mensagens no Whatsapp, então, entra o poder da sua mente.

Mantenha-se em movimento! 10

Sei que já perguntei isso, mas insisto: quem fez com que você acreditasse que é fraco? Ou melhor, quem é o responsável por fazer você acreditar que não pode, não consegue, não é capaz?

Saiba que a sua força pode ser infinitamente maior do que os seus músculos. Eu só quero que você esteja pronto para todas as grandes mudanças que estão por vir.

Sim, grandes mudanças virão, depois que você entender a sua importância para este mundo. Esse Plano vai prepará-lo para isso. Ei! Eu acharia isso ridículo tempos atrás.

Da mesma forma que acharam ridículo quando alguém afirmou que habitamos uma espécie de bola gigante, em movimentos de rotação, em velocidades inexplicáveis.

Eu já fui moída, esmagada, dilacerada, assim como tantas pessoas ou, até mesmo, como você. Quis me afastar de Deus inúmeras vezes, mas Ele nunca desistiu de mim.

Hoje, depois de conhecer quase tudo, posso afirmar que a

força está Nele, em Aquele que morreu por nós. O Criador é essa mesma força da natureza, da criação. E há quem diga que não existe rotação na Terra, acham que estamos parados ou que isso não existe, só porque não sentimos o movimento.

O fato é que me aproximei de Cristo. Ele é Meu e eu sou Dele. Ao declarar isso, recebo forças inexplicáveis dentro de mim, e entendo que a felicidade pode até fazer parte de alguns momentos, mas quando obtenho o que tanto "desejava", em poucas horas, ou dias, acabo me sentindo como antes, se não tenho um propósito.

Não é dinheiro pelo dinheiro, vender por vender, comprar por comprar, conquistar por conquistar, adquirir por adquirir. A conquista é só uma parte, apenas um mero detalhe. Somos humanos, temos sentimentos.

A felicidade está presente nas coisas mais simples, como naquela gargalhada de todos os dias ou na plenitude de poder contemplar o tempo e a vida. Sinta-se feliz antes, durante e depois. Sempre!

Lembre-se de quantas viradas de ano, quantas festas de *Réveillon* você esperou que o Novo Ano seria o melhor e prometeu fazer tudo diferente... Lembra?

Se ficar parado e fizer as mesmas coisas, nada vai mudar. *Keep Moving*! Mantenha-se em movimento, mesmo se tiver alguma dúvida sobre para onde deve ir. Ore, medite, peça direção ao Altíssimo. Ouça e vá.

Não fique parado, por favor! Escolha um caminho. Decida. Mova-se para o novo. Sem parar e sem esperar por nada, também. Mover-se vai fazer você se inspirar!

Assim, você não terá tempo para as dúvidas ou para o medo. Mova-se pelo coração, pelo seu Espírito. Sinta o vento no rosto! Dance! Abrace, ame, vá, continue! Coisas incríveis vão acontecer, se você for além.

Medite no Salmo 77-18: "*A voz do teu trovão repercutiu-se nos ares, relâmpagos alumiaram o mundo, a terra se abalou e tremeu*". E renda-se, como eu me rendi ao Seu amor.

Quantas vezes eu já tentei fugir, querendo abandonar tudo, mas Ele sempre me buscou. Agora eu entendi o meu chamado e quero fazer a Terra e o inferno tremerem, assim como Ele fez e faz, porque eu sou Dele e Ele é meu, repito.

É inexplicável o amor que ferve dentro de mim. E você, sente isso? Que Ele seja, também, o seu trovão. Esse é o Plano. O Plano Zero tem a ver com voltar às origens, ao Zero Absoluto.

Jesus é o motivo pelo qual passei a enxergar esses processos entrópicos e aplicar as leis termodinâmicas da Física, até mesmo nos negócios e nas vendas. Não se trata apenas de vender... NUNCA FOI SOBRE VENDAS, APENAS!

As perguntas deste livro, têm objetivo de elevar sua consciência para aumentar suas vendas. Então, permita-se responder.

E você, como se sente hoje?

____

____

____

O que faz você feliz é a conquista ou o caminho todo?

____

____

____

O que você pode fazer para se sentir melhor em todo caminho?

____

____

Quem são as pessoas que te acompanham?

____

____

____

O que você tem feito todos os dias para si, que o deixa feliz de verdade?

____

____

Essas respostas vão fazer com que você enxergue o movimento que tem feito, e se é necessário mudar ou continuar nele.

____

____

____

Honre a sua palavra 11

Tirem-me tudo, menos a minha honra! E nada maior do que a honra de um homem, do que cumprir aquilo que falou, que prometeu.

Está aqui um grande problema com as missões de vendas no mundo, cumprir com a verdade e honrar as promessas!

As pessoas sempre vão querer ter muito dinheiro, mas para quê? Será que, quando isso acontecer, estaremos preparados para administrar tudo? Já vi grandes milionários quebrarem e começarem de novo.

Muitos dos que já quebraram, conquistaram tudo novamente e agradeceram pelo que aconteceu. Outros não quebraram, mas diziam que se sentiam vazios, porque o único motivo em relação ao dinheiro era satisfazer apenas o seu próprio ego.

Demorei para entender o propósito de Deus com a prosperidade, até considerar que a minha missão precisava de um propósito maior do que a ganância.

Jesus disse: "Confie em mim, e não no dinheiro." Isso significa que o propósito do dinheiro é servir a Deus e ajudar outras pessoas. Assim, sempre seremos abençoados.

Há muito tempo eu convivo com pessoas que já atingiram esse nível de sucesso e de prosperidade financeira. Posso falar que apenas algumas entenderam o verdadeiro propósito do dinheiro. Essas são prósperas e felizes, de verdade.

Já fui convidada para muitos eventos e para participar de Confrarias de Milionários e Bilionários. Ainda não sou bilionária, mas sei da promessa de Deus para a minha vida, porque tenho um grande PLANO.

Antes disso, porém, parto do Plano Zero e oriento as pessoas a embasarem suas vidas e o seu planejamento financeiro no seu Zero Absoluto. Tenho a certeza de que o seu propósito é muito maior do que você pode sonhar!

Qual é o seu plano para quando esse dia chegar? Como está o seu posicionamento de vida? E a sua imagem está alinhada com essa missão ou carece de reposicionamento?

Suas ações e atitudes estão de acordo com o seu desígnio? Você tem visto o tempo passar e não sabe mais o que fazer? Olhe para as suas fotos no arquivo da câmera do seu celular e sinta.

O tempo existe para você? Como tem sido a sua percepção quanto aos dias? Sinta o passado, o presente e o futuro como uma coisa só.

Somos honrados o tempo todo com o dom da vida, mas pela "falta de tempo", não damos valor a isso. Queremos sempre ter mais tempo, mas o que fazemos com ele?

Você está dando valor para o seu tempo? Tem dado tempo de qualidade aos que ama? Tem investido tempo de qualidade nos relacionamentos que importam a você?

Lembre-se de que você não precisa ser forte quando está tudo bem, e só saber ser forte, quando precisar ser. Agradeça pelos tempos difíceis, pois são treinos e nos deixam mais fortes.

Os meus dias são assim. Esse é o Plano. Ajudo as pessoas a acreditarem que podem, e a se levantarem de onde estiverem, porque tem algo extraordinário para cada uma delas.

Depois, as ajudo a se planejarem financeiramente, a venderem mais e, assim, trocamos nossos *networkings* e conexões. E os seus dias, como são?

Nenhum centavo ou trilhão de dólares tem valor, se não os utilizarmos a fim de um valor maior. Conheço milionários pobres e pobres milionários. Eu convivo com eles e até os tenho em minha própria família.

O dinheiro é apenas o meio para proporcionar experiências e conforto, mas jamais é o fim, embora você, muitas vezes, pense que só ele trará a felicidade.

Queira ser rico, sim, e ganhar milhões ou bilhões. Mas, antes, aprenda sobre valores, sobre com quem compartilhar, sobre a mudança que fará no mundo, na sua família ou em projetos.

Cada centavo que ficar não terá valor. O que fica é o seu legado, o propósito cumprido, o bem que foi feito, as pessoas que protegeu, os sorrisos de agradecimento que foram recebidos – e não a conta bancária recheada de tristeza ou a sua herança pobre, muito menos os seus castelos vazios.

O Plano Zero também envolve o cuidado com o que sai da sua boca, com aquilo que você imagina ou com o que sente. Uma ação está ligada à outra, e a materialização depende das perguntas que você faz a si mesmo.

Se sim, está indo pelo caminho certo. Se não, está criando situações que te afastarão dos seus objetivos. Siga o Plano, se você quer uma família feliz ou se deseja ganhar mais.

Para ter paz e ver o seu dinheiro trabalhando para você, organize-se. Tenha mais tempo com a família, viaje mais, conquiste os seus objetivos. Quer ser mais magro ou mais saudável? Faça planejamento e parta para a ação.

Com a prática, você pode atingir muitas coisas. O problema é se você quer tudo e não sabe por onde começar, o que fazer ou como agir. Entenda que há um preço a se pagar, sempre.

Você pode escolher a vida que quiser, mas, durante o caminho terá que aprender a fazer escolhas e renúncias, ou abrir mão, muitas vezes, do que ama para a realização de um sonho ou de uma meta.

Eu já disse que vai doer, mas avisei que é só por um tempo. O alívio vem quando você perceber que, tudo pelo que passou, o levou à sua realização. Nunca se esqueça de que a dor da derrota é maior do que a da conquista.

Se está mesmo pronto a pagar o preço, continue transformando cada dor em glória, tendo cuidado com as suas palavras. Ao firmar um negócio, honre a sua dignidade. Uma vez perdida a confiança, a relação nunca mais será a mesma.

Jesus dizia: "Que o seu sim seja sim, e que o seu não seja não". Se você assumiu uma responsabilidade, vá até o final e mantenha a sua palavra, porque ela é preciosa.

Cada vez que a sua palavra é honrada por seus gestos, ela se torna mais forte. Quando você dignifica a sua relação com os outros, dignifica também a sua relação com você mesmo.

Os que prometem e não cumprem vivem criando problemas para si mesmos, pois perdem o respeito próprio e têm vergonha de seus atos. A vida dessas pessoas consiste em fugir, porque gastam muito mais energia ao desonrar a palavra, diferentemente dos honestos, que gastam energia apenas mantendo os seus compromissos.

Se você assumiu uma responsabilidade boba, que resultará em prejuízo de entusiasmo, tempo e dinheiro, não torne a repetir essa atitude. Honre a sua palavra e agradeça sempre.

O que eu tenho falado para mim, diariamente?

____

____

____

O que eu tenho imaginado e sentido com relação ao meu futuro?

____

____

Estou vivendo de acordo com a minha verdade?

____

____

____

As minhas metas estão de acordo com os meus sonhos?

____

____

____

Estou mesmo disposto a pagar o preço de honrar cada palavra que sair da minha boca pelo que sonho?

____

____

____

Você compraria seu serviço ou produto?

____

____

____

Você tem o seu público claramente definido?

____

____

____

Já sabe qual problema resolve e para quem?

____

____

____

Quais são as suas estratégias para atingir o seu público-alvo?

____

____

____

Você tem *networking* com os seus clientes?

____

____

____

Quem compra de você, faz isso por indicação ou parceria?

____

____

____

Você entrega mais do que vende?

____

____

____

Como ser "o melhor" no que você faz?

____

____

____

É possível melhorar o seu pós-venda?

____

____

____

Contra os resultados, não há argumentos, não é mesmo? Se eu pudesse dar um conselho nesses meus 22 anos trabalhando com vendas e negociações, seria: siga as Sete Chaves Proféticas e o Movimento da Física.

Seja intenso e profundo ao mesmo tempo! Demonstre a sua paixão pelo que faz e o seu amor pelo outro. Resolva problemas, apresente soluções e, em breve, se tornará não apenas o melhor para o seu cliente.

A excelência no seu ramo de atuação pode levá-lo à conquista do mundo. Seja o melhor! Se você tem uma equipe de experts no ramo em que atua, tudo bem em delegar as funções devidas.

Confie e cada indivíduo executará a sua função. Oriente, capacite, acompanhe. Lembre-se de escolher alguém que também tenha paixão pela vida, pelo que faz e amor pelas pessoas.

Grandes nomes começarão a procurá-lo e grandes contas vocês fecharão. Talvez você nem tenha um mestrado em *Harvard* ou uma graduação na *London Business*, mas consegue ser melhor que algumas pessoas com essa titulação.

Coloque pitadas a mais de amor e de paixão no que faz, e abandone a ideia de desistir. Eu já pensei em largar tudo, mas entendi que é muito mais fácil aguentar a dor de se levantar, do que a dor de desistir.

A dor do esforço é menor do que a do arrependimento. Cada vez que você decide ser mais forte que a sua dor, eleva um nível na sua vida, tanto mental como físico, financeiro e espiritual.

Antes de desistir, foque nessas três dicas:

1. Concentre-se no quão distante você já chegou;

2. Peça orientação para outras pessoas, como eu fiz! Isso mesmo, tenha um mentor. Ele pode encurtar caminhos para você, pois já caiu muito até obter o sucesso, e pode conduzir mais rápido à assertividade;

3. Aprenda com os seus erros. Ah, os erros! Agradeça a si mesmo por ter errado e saiba se perdoar. Somos imperfeitos e está tudo bem. Tente enxergar-se de fora da situação, pois você fez o melhor que podia naquele momento, com base no que sabia e com o que tinha.

É errando que se aprende. Perdoe a si mesmo e tenha a consciência dos seus erros. Entenda que, agora, você está ainda mais preparado para o próximo desafio.

Continue! O caminho vale a pena! Lembre-se de que é um ser humano imparável, graças a cada vez em que caiu e aprendeu a ficar em pé. Depois de cada queda, você se levantou, mesmo sem saber para onde iria.

Para chegar ao topo, os empreendedores bem-sucedidos escalaram uma montanha, e é provável que tenham tropeçado muitas vezes até chegarem ali. A diferença entre os que chegam onde querem e os fracassados está no quanto aguentam cada NÃO, cada queda, cada mentira e, mesmo assim, não desistem.

Eles mudam de negócio, tentam algo novo e procuram ajuda. Por isso, se preciso, mude de direção, mas apenas continue. Seja imparável e não perca uma boa oportunidade.

Muitas vezes, vale a pena dizer "Por que não?" ao invés de "NÃO". Isso para projetos e pessoas que apresentem diferenciais e oportunidades de mudança ou crescimento.

Arriscar é o que frequentemente difere uma pessoa "extraordinária" de uma pessoa "normal". Se não faz sentido, diga "não". Agora, se você se sentiu tentado ou minimamente motivado a investigar e a experimentar aquela ideia, diga "por que não?" ou "e o que aprendo com isso?"

Arrisque-se mais. Coloque mais engajamento, envolvimento e paixão nas suas atividades. Se você é do tipo que só encontra obstáculos na hora de realizar seus projetos, cuidado.

Faça diferente e abrace novas ideias. Onde você quer chegar mesmo? Se continuar se relacionando sempre com as mesmas pessoas e frequentando os mesmos lugares, sua vida e sua empresa continuarão no mesmo lugar.

Se você quer subir mais um nível, tem que se conectar com pessoas com um nível maior que o seu. Isso não é interesse e não é errado. Chamamos de inteligência, foco e oportunidade de criar possibilidades.

Todos os dias, conheça pessoas que vão ensinar algo novo a você, e não se esqueça de que você é a média das pessoas com quem convive. Não fique estagnado. Aprenda, conecte-se, voe e cresça.

Aprendi e aprendo todos os dias com grandes empresários, nas negociações que faço, envolvendo milhões. Então resolvi listar as cinco mais importantes:

1. Escute mais do que fala. Somente assim vai conseguir resolver a real necessidade do seu cliente;

2. Não fale de valores na primeira reunião;

3. Seja você mesmo. Procure verdadeiramente o que vocês possuem em comum. O *rapport* mentiroso é a forma mais suja de uma negociação, pois é a maneira desleal de manipular e é percebido em pouco tempo. A verdade é sempre o melhor caminho;

4. Não prometa o que não vai cumprir. A sua palavra é a sua honra, muito antes da assinatura de um contrato. Então, cuidado com o calor da emoção na hora de prometer algo que não vai conseguir entregar;

5. Blinde qualquer risco financeiro que possa acontecer antes e depois da assinatura do contrato. Um bom Planejador Financeiro pode ajudá-lo melhor com isso (além de um bom advogado).

Gostou das dicas? Faça o exercício prático de aplicá-las na sua vida, já! Esteja preparado para fechar grandes negócios ou vendas. Depois me conte sobre como tudo transcorreu, certo?

Nutra-se com boas referências 12

Sempre fui apaixonada pela leitura. Depois que aprendi a ler, trocava até os meus brinquedos por livros. Ainda não tenho a biblioteca dos meus sonhos, mas tenho centenas de livros e todos eles são um pouquinho do que sou hoje.

Jamais pensei sobre onde os livros, um dia, poderiam me levar. E acredite em mim: um livro lido não é "apenas mais um livro lido". Você pode até não aplicar na sua vida, no dia seguinte à leitura, tudo o que um livro ensina.

No entanto, tenha a certeza de que cada página que alimenta a sua mente é um tijolo que constrói a sua consciência. Hoje, eu troco joias por livros. Ah! Para mim, são os melhores presentes!

Podem até tentar tirar tudo de você, mas jamais conseguirão extrair aquilo que você viveu, com os livros que leu. Quem lê sempre é original e tem o que dizer.

Nutra-se de boas referências e não tente imitar ninguém, falar o que falam, querer o que querem, sonhar sonhos que não são seus! Você nasceu com algo que é só seu e é tão especial por isso...

Na equação para o seu DNA, você tem uma fórmula, algo que o faz diferente dos outros. Imagina se fôssemos todos iguais? Que bom que não somos! Todos nós, juntos, viemos com dons e cumprimos legados.

Sabendo disso, ame ser você e faça o que veio ao mundo para fazer. Sonhe os seus sonhos, planeje a sua história e venda os seus dons! Isso mesmo!

Eles podem ajudar muitas pessoas a conquistarem a vida com que tanto sonham! Será uma grande troca, basta ser você. Não aponte os erros, não busque culpados.

Com a pandemia, muitas pessoas tentaram me convencer de que a vida era ruim e de que o mundo era complicado. Vários deixaram de ler, aprender e buscar conhecimento, pois ficaram listando desculpas para o seu fracasso, como: "Fernanda, as pessoas foram mandadas embora e isso diminuiu o consumo; a economia mundial parou; o dólar aumentou, e blablablá..."

Essas, e outras milhares de desculpas, você pode contar apenas para si mesmo, se quiser. A economia não parou, apenas foi transferida para outros segmentos.

Outras áreas estouraram e muitos venderam, apesar "da crise", pois se reinventaram e lucraram, resolvendo com maestria os problemas das pessoas.

A única diferença por trás da crise está na mentalidade de cada um. Eu não parei de fechar negócios em 2020. Na verdade, as minhas vendas aumentaram, porque eu nunca absorvi a tal "crise".

Li, estudei, pesquisei, me informei. *Me* fortaleci na minha fé, tive esperança e trabalhei. Foquei no que realmente importava. Busquei o conhecimento e a evolução.

Enquanto isso, outros do mesmo segmento em que atuo quebraram. Há apenas duas maneiras de quebrar:

1) Acreditar que está em crise e não sair da zona de conforto para se reinventar;

2) Enganar e ludibriar as pessoas. Uma hora, a sua conta chega, devido às mentiras inventadas que ficaram pelo caminho.

Nessa pandemia, tive muitas surpresas e descobri que tinha apenas dois caminhos:

a) Virar a vítima das lamentações, até que isso atingisse a minha vida financeira;

b) Olhar para frente, agradecer pelas dores e seguir ainda mais forte, com base em boas leituras e referências.

E assim foi, eu venci! Muitos também venceram comigo, pois seguiram o Plano. O tempo que você utiliza para se lamentar pode ser usado para criar algo incrível na sua e na vida de outras pessoas.

Enxergue novos horizontes, ligue para os seus clientes ou tome um café com quem agrega na sua vida, devido à mentalidade de expansão. Veja sempre um caminho, não importa o labirinto em que esteja.

O seu rumo é um só (a vitória), e não importa o tamanho da "crise". O mundo é abundante. As pessoas continuam consumindo e precisam umas das outras.

Aprenda a resolver os problemas das pessoas na "crise" ou não. Aprenda a vender! Seja forte. Saia da ilha e sinta um mundo maravilhoso, de infinitas possibilidades.

Entenda, de uma vez por todas, que a culpa é somente sua. Em uma relação humana, você sempre tem apenas 50% do controle. Inclusive com relação ao tempo do outro.

Demorei para entender isso. O nosso tempo não é o mesmo que o da outra parte, por mais que ela tenha entendido a importância do que você vai resolver na vida dela.

Tudo tem o seu tempo! Respire e tenha paciência. Nada vai fazer você prosperar se não acabar com as crenças que ainda o limitam, impedindo o seu crescimento.

O que o impede de ir além?

Por que você ainda não atingiu o que desejava?

Sem amor, venda nenhuma valeria 13

Há um amor infinito entre você e eu. Entre você e a pessoa do outro lado a quem você vende. Basta olharmos para ela, como olhamos para nós mesmos. Basta escolher olhar para o seu cliente, como você gostaria que olhasse para você.

As vendas não são preenchidas por dinheiro, mas pela transformação que fazemos no mundo.

Às vezes, não gostamos de algumas pessoas porque "não fomos com a cara dela" – não gostamos do jeito que ela se veste, como fala, achamos que é isso ou aquilo, mas saiba que, da mesma forma que julga alguém, será julgado.

Tente começar a olhar para as pessoas lembrando, nos primeiros milésimos de segundo de contato, que elas já foram crianças de três aninhos, amáveis e que passaram apenas alguns anos e essa criança viveu lutas que você não viveu, passou por dificuldades que você nem imagina. Que, talvez, a "cara feia" que ela faz, é apenas porque ela tem medo do mundo e está se protegendo porque não confia mais no amor das pessoas. Não confia mais porque sua mente a bloqueou com crenças e padrões, que ela ainda não sabe como acessar, para ser desbloqueado e ser livre.

Então, por favor, leia com atenção: o amor constrange e contamina. Se você tratar bem e com gentileza as pessoas que te tratam mal, que são arrogantes e mal-humoradas, então você emitirá um sinal de que elas ainda podem ter esperança no ser humano. Você pode ter modificado algo apenas com uma atitude, com um sorriso, ou com uma devolução de gesto diferente do que ela tem registrado na memória de, provavelmente, sua infância.

Todos nós temos qualidades e defeitos, todos nós estamos em uma luta que não é externa.

Agora que você refletiu sobre tudo aquilo, pelo que é grato, já sabe que tudo o que busca está dentro de si mesmo. Ou, se não está, sabe onde conseguir forças e como fazer.

No final, só o que faz sentido mesmo é o amor. Essa é a melhor lição e, ao mesmo tempo, a mais difícil que temos nessa vida. Tanto na área pessoal, quanto nos negócios, é fácil amar as pessoas que nos agradam.

Nos conectamos com quem se parece conosco, mas não aceitamos com facilidade quando alguém não é como gostaríamos que fosse. Geralmente, desaprovamos quando não fazem o que a gente espera ou quando fazem o que não faríamos.

No dia em que você conseguir enxergar que há outros seres diferentes, porém iguais, vai parar de julgar e começar a AMAR de verdade. Somos cheios de falhas, dores, feridas e lições.

Uns, simplesmente, não tiveram as mesmas experiências que nós. Por isso, cada um consegue ver "com os seus próprios olhos", ou seja, somente pela sua ótica, de acordo com o seu ponto de vista e conforme as suas vivências.

Eu achava que amava, mas não amava. Hoje, eu amo! Amar é entregar, aceitar, parar de julgar ou de querer ser melhor, é saber mais. Quanto mais amar aos outros, mais amor você sentirá por si mesmo.

Quanto menos julgamento houver, mais amor terá. Quanto mais amor crescer, mais sentido tudo fará. No último dia da vida de qualquer pessoa, nos lembraremos apenas das coisas boas.

Ah! Que saudades que temos dos que já partiram e daquilo que se viveu. Pior é sentir a falta daquilo que deixamos de viver. Quantas vezes deixamos de abraçar, beijar, ouvir, ajudar ou de ter compaixão?

Somente nesses momentos é que o amor vem à tona. Mas, às vezes, já é tarde demais. Não espere tudo acabar. Ame as pessoas, apesar delas! Entregue-se ao amor, e não se esqueça do amor-próprio. Esse é o Plano.

No Plano Zero, acreditamos em Deus, e não esperamos nada dos homens. A Palavra de Deus é viva, eficaz e mais penetrante do que qualquer faca de dois gumes.

Ela penetra até dividir alma e espírito, articulações e medulas. Julga os pensamentos e as intenções do coração. Não basta saber disso e ficar perdendo tempo esquentando a cabeça com bobagens, como apenas o lucro.

Não há mal nenhum em lucrar, receber comissão, ter dinheiro, obter recompensar por problemas resolvidos. Mas viver refém de perguntas como "o que fazer para aumentar o seu faturamento?", não nos faz pessoas melhores.

Vender mais e ter um planejamento financeiro eficaz ajudam, mas não adianta pular as etapas, sem ter entendido o básico. Já disse, e repito: as pessoas não compram o seu serviço ou o seu produto! Elas compram você!

Eu trabalhei em diversos ramos de atividade vendendo. Desde sempre, fui destaque. Lembro-me de palestras em que vendi muito, mesmo sem fazer um *pitch*.

Qual explicação você pode dar a uma pessoa que, mesmo vendendo serviços ou produtos totalmente diferentes, torna-se campeã em vendas, considerando que a maioria dos seus clientes é composta pelos mesmos de sempre, ao longo de anos?

Esta é a minha situação, e afirmo que o primeiro segredo é ser melhor como pessoa. A primeira compra que o seu cliente vai fazer será você mesmo e, só depois, aquilo que você entrega.

Coloco em prática o Plano Zero na minha vida e na das pessoas e, assim, tudo muda. O dia em que me olhei, e me vi como nunca havia visto, me encontrei.

Esse foi um exercício de autoconsciência, que me presenteei para matar o julgamento em mim e nos outros, porque quando julgamos, não amamos. Até podemos achar que amamos, mas não. Quando apontamos o dedo a alguém, é porque nos sentimos melhores por, inconscientemente, diminuir o outro e falar para nós mesmos: "Está vendo como eu sou melhor do que ele?", ou "Está vendo como sou correto, bom e ele não?". Você julga para se sentir melhor. É o seu ego que criou o hábito de agir dessa maneira para você se sentir bem.

Sabe que, aplicando o Zero Absoluto em mim mesma, percebi uma alma que nunca se conformou com as injustiças desse mundo, muito menos com a falta de amor, mas que, mesmo assim, julgava e nem sabia.

Assim, planejo o presente e o futuro, para conquistar todos os meus sonhos e, ainda, para cuidar de quem me cerca e ajudar o maior número possível de pessoas a realizarem, também, os seus sonhos.

Quem não sabe aceitar e lidar com os seus erros precisa resgatar o amor da infância. Se quiser ser grande, haja como um adulto, mas sem se esquecer do brilho da sua criança.

Perdoe-se, perdoe os outros e não erre mais. O sucesso não é para os arrogantes, trapaceiros ou vítimas, mas é para os humildes, que admitem o seu erro, olham para frente, buscam uma solução e resolvem, fazendo isso quantas vezes forem necessárias. Simples assim. O Plano é esse.

Vou te apresentar um exercício que me ajudou nessa questão de perdão, julgamento e amor.

Se você lembrasse de você quando criança, o que falaria para ela? Tem tratado a si mesmo como merece? Como tem cuidado de si?

Agora, vou te entregar o exercício que fiz em mim mesma para iniciar a morte do Julgamento e aumentar o amor que você tem por você e pelas pessoas. E, a partir de hoje, quando for olhar para os outros, OLHE COM OLHAR DE AMOR. Lembre-se que passaram *alguns anos que aquela pessoa na sua frente cresceu, mas ela é ainda um pedaço de uma criancinha, e o que ela espera de todos, antes de tudo, é amor.*

Minha carta para mim pequena:

Fê,

Eu te amo assim! Com 4 aninhos tocando a campainha e saindo correndo... Eu sei que você não sabe o que estava fazendo, mas hoje sei que você só está querendo chamar a atenção por querer mais amor.

Tão pequenininha e já tão espontânea, criativa, doce e amorosa. Eu admiro você!

Eu acho você linda quando canta as músicas do Roberto Carlos e dança ABBA e outras canções. Você adora cantar e dançar, né?

Meu amor, você ama tanto as pessoas, mas vejo um olhar triste. Eu sei que você nunca se conformou com as injustiças desse mundo, muito menos com a falta de amor das pessoas. Mas é isso que vai fazer você ter o amor como a sua maior missão um dia.

Hoje sei, Fê, que posso dar para você tudo o que você precisava e não sabia como pedir. Sei também que você vai doar amor às pessoas, e não vai transferir uma culpa que não é sua, e nem de ninguém, para elas.

Eu prometo cuidar de você todos os dias da minha vida com todo respeito e amor que você merece!

E, também, prometo fazer um Plano para você. Um Plano que vai levar sua missão para os 4 cantos do mundo e vou conquistar todos os seus sonhos!

Te amarei para sempre!

Com amor,

Fernanda Scatolin

Agora feche seus olhos, lembre-se de você com três ou quatro aninhos e, ao abrir os olhos, escreva uma carta para você pequeno(a) também.

Relaxe e seja intuitivo 14

Domine a sua mente e não a deixe ser enganada. Não se deixe levar pelo seu instinto, nem deixe de lado o seu consciente. Há muitas armadilhas e gatilhos mentais que têm sido usados para seduzir e enganar.

Você já comprou algo do que se arrependeu depois? Então cuide da sua mente e compre conscientemente algo que realmente fará a diferença na sua vida, ou que resolverá um problema seu.

Na hora de vender, também se lembre disso e seja sincero. Se você sabe vender, você é rico. Se não é rico, então apenas acha que sabe vender. Eu sabia vender, mas não era rica.

Ainda não sabia tudo o que sei hoje sobre negociações ou sobre dinheiro. Agora que sei, entendo que tudo sempre pode mudar, pois estamos em constante movimento.

Uma prova disso que é nenhum dos meus dias são iguais. Por mais que eu planeje a minha semana, não tem um dia que seja exatamente como calculei. Ainda bem!

Sou dessas que ama conhecer pessoas novas. Aliás, todos os dias eu tenho pelo menos dois novos contatos na minha agenda. Desses:

1) Ou fazemos algum negócio;
2) Ou trocamos *networking*;
3) Ou viramos amigos.

Tenho paixão por aprender algo novo todos os dias. Por isso, acredito que planejar cada minuto do dia não é tão benéfico assim. Do contrário, você acaba não dando espaço para o imprevisível acontecer.

Devemos, sim, planejar e separar as coisas urgentes das coisas importantes... Agora, planejar demais nos deixa cegos para enxergarmos as grandes oportunidades e as pessoas incríveis, que não estão no script do nosso Plano.

Quer saber? Relaxe um pouco e deixe fluir. Acredite na sua intuição, no seu instinto. Assim, estará no seu *flow*, no seu caminho ou, quem sabe, de acordo com o seu destino.

Que nenhum dia seja igual ao outro. Aprenda logo que é melhor tentar e falhar, em vez de se preocupar e ver a vida passar. É melhor tentar, ainda que em vão, do que se sentar, sem fazer nada, até o final da vida.

Prefiro caminhar na chuva nos dias frios a me esconder em casa. Prefiro ser feliz e louca, do que viver em conformidade. Seja sempre "fora da casinha".

Sinta-se satisfeito caso não tenha sido criado como toda a manada. Lembre-se sempre dos momentos bons que viveu. O famoso #tbt existe, e faz parte da beleza da vida, assim como aquilo que vivemos agora.

Os nossos aprendizados são baseados nos sabores provados, nos amores vividos, nas experiências inesquecíveis e nos erros doídos (mas pedagógicos, que fizeram de nós pessoas melhores).

Amadurecemos junto às risadas e às lágrimas, na eterna e inesquecível viagem da vida, até um dia, quem sabe, sermos esquecidos. Nossas lembranças, boas ou ruins, também descrevem quem somos.

A diferença é como utilizamos as aprendizagens para o nosso crescimento pessoal. Esqueça-se do que não foi tão bom assim. Seja mais gentil consigo e com os seus erros.

Veja os erros dos outros com leveza, também. Ria sempre, sem exceção! Tudo é tão efêmero. Guardo memórias e lembranças com imenso amor e gratidão.

Todas as escolhas que eu fiz, certas ou erradas, me fizeram ser o que sou hoje. Obrigada, Universo, pelas oportunidades. As coisas são mais simples do que imaginamos.

Eu sempre soube da importância de saber intercalar trabalho e *flow*, de relaxar, curtir e ser intuitiva, mas acabava não colocando em prática.

Expanda a sua mente e evolua 15

"Só há duas maneiras de viver a vida. A primeira é vivê-la como se os milagres não existissem. A segunda é vivê-la como se tudo fosse um milagre" (Albert Einstein).

O nosso propósito não precisa ser grandioso, só precisa ser verdadeiro. A maioria das pessoas acaba se preocupando com o nome da sua empresa, com a blindagem patrimonial, com a gestão de riscos e com as reservas futuras planejadas.

Elas não estão erradas. É importante prever o futuro, planejá-lo. Mas o Plano envolve além disso. Trata-se da definição de um propósito que envolva o respeito à vida, de modo eficaz.

Aquela menina, que há 15 anos procurava um quarto para morar no Primeira Mão e comia Miojo todos os dias, hoje ajuda empresários, médicos e CEOs a organizarem sua vida financeira e a protegerem o seu patrimônio.

Quem diria? Tudo graças ao Zero Absoluto. O meu desejo é um dia poder expandir esse conhecimento, não apenas para esse público que atendo, mas também para quem ainda não tem essa mentalidade de expansão.

Quero levar transformação e educação para essas pessoas conseguirem ter a mesma mentalidade desse *Público A*. Por isso, quando acaba o meu dia, eu sempre agradeço por tudo que passei para chegar até aqui.

A vida é incrível e se transforma na proporção que a nossa mente se expande. Com isso, vem a liberdade que, ao chegar, toma conta de nós, sem nem percebermos.

Percebi que estava livre e que era livre, mas não tinha a compreensão do que isso significava. Quantas vezes escutei falar sobre a liberdade, mas não dei a devida importância, devido às preocupações que eu tinha.

Precisava ser, fazer, ler, escrever, estar, provar a mim mesma e mostrar aos outros. Então, parei. *Me* dei conta de que também é preciso viver, curtir, saborear cada momento.

A vida transborda em nós, ao passo que a liberdade invade a nossa alma. Ambas caminham de mãos dadas com o amor e com o perdão. Assim, consigo sentir a plenitude da vida.

Se eu lesse essas frases há pouco tempo, não as entenderia, mas hoje sei que tudo tem a hora certa e que as coisas vêm quando precisam chegar. Eventos ocorrem conforme expandimos a nossa capacidade de enxergar.

Toda essa movimentação é libertadora, mas antes eu quero chamar a sua atenção a um ponto importante, já explorado aqui no Plano. Novamente, eu pergunto: quem está influenciando você?

Com quem você tem passado mais tempo? Esses são fatores determinantes em relação à pessoa que você se tornará. Tem tudo a ver com a sua qualidade de vida.

Se você perguntar às pessoas quais são os seus propósitos em todas ou em alguma área da sua vida, receberá olhares confusos ou respostas como "Nossa, Fernanda, eu ainda não sei!".

Muitos levam a vida um dia de cada vez, sem um propósito maior do que meramente sobreviver e esperar as coisas acontecerem. Apenas habitar, ocupar espaço, gastar o tempo e pagar os boletos.

Pesquisas mostram que nos tornamos parecidos com a média das cinco pessoas com quem passamos mais tempo (e isso também já foi dito aqui, mas eu repito!).

Se você está cercado de pessoas preguiçosas, de mente fraca, que não têm planos definidos sobre o que querem ou que dão desculpas a tudo, inevitavelmente se tornará como elas.

Se observar bem, perceberá que é parecido com os amigos que tem hoje. Se todos os seus amigos possuem propósitos de vida, são felizes, otimistas e bem-sucedidos, há mais chances de se tornar naturalmente igual, apenas estando perto deles.

Você será automaticamente influenciado pelos pensamentos ou hábitos que as pessoas que o cercam estabelecem para ter sucesso. O contrário também ocorre.

Infelizmente, há muitos tentando progredir na vida, mas sendo puxados para baixo por aqueles ao seu redor. Isso pode ser especialmente difícil quando essas pessoas são da família ou amigos queridos.

Seja forte e faça o possível para passar menos tempo com aqueles que não o encorajam ou não o desafiam a ser melhor. Se não podemos mudar o tempo, precisamos ter em mente que é possível recomeçar.

Eu posso te vender uma vírgula para você continuar escrevendo a sua história, mas o resto é com você. Faça, e as coisas vão acontecer ou surgir de onde você menos imagina.

Comece. Amanhã, ao acordar, apenas faça o melhor, faça o que puder. Seja você, em qualquer circunstância. Abra mão da necessidade de ser perfeito e valorize as oportunidades autênticas.

Ame quem você é. Os outros farão o mesmo. E tudo bem se você nem sempre estiver bem. Há dias melhores, outros nem tanto. Às vezes, acordamos tristes e, mesmo com todo o nosso conhecimento sobre a importância da mentalidade positiva, a nossa mente é humana.

Quando nos sentimos assim, tristes, é porque faz parte. Isso é normal. Usamos técnicas como as de gratidão, meditação e oração. Quando relaxamos, as respostas vêm.

Até Jesus chorou. Pare de questionar, porque, senão, é só isso que você atrairá: mais dúvidas. Coloque músicas, ouça, dance, cante e, mesmo triste, comece a afirmar que está feliz.

Arrume-se, anime-se e, quando menos perceber, isso vai passar. A tristeza existe, mas ESTAR é um verbo diferente de SER. Não perca o seu precioso tempo com esses sentimentos ruins, pois eles não valem à pena. Seja feliz e, sempre que possível, faça tudo com muito amor!

Qual é a história que você está escrevendo?

____

____

____

Para quem quer contá-la?

____

____

____

Como pretende fazer isso?

____

____

____

Faça as escolhas certas 16

Cada um de nós, com talentos específicos e baseados na convicção dos nossos ideais, é capaz de transformar o mundo. No entanto, algumas pessoas eternizaram seus nomes, escrevendo belas histórias.

Ao planejarem os seus propósitos, essas pessoas não tinham nada de diferente de nós, pois Deus fez todos iguais. Eu não estou falando apenas dos nomes que mudaram a história do mundo.

Jesus, Einstein, Shakespeare, Joseph Lister, Freud, Nelson Mandela, Alexandre Fleming, Henry Ford e tantos outros nomes são admiráveis, mas falo também de exemplos simples.

Um dos *cases* é o do meu bisavô, João. Lembro-me dele com amor, assim como toda a minha família. Ele foi refugiado da guerra na Espanha e veio para Brasil com o propósito de salvar a sua família.

Sustentou a todos, sendo um marceneiro elogiado pelos seus clientes. Ele cumpriu a sua missão, sendo um homem de muitos valores, eternizados para as suas próximas gerações.

João, o bisavô que eu nem conheci, trouxe força, determinação e alegria diante de qualquer situação. Graças a ele, ensino isso à minha filha e, assim, segue a beleza da história.

Tive outro bisavô, mas nem sei o nome dele. Só sei que ele tinha muito dinheiro. Aliás, ninguém sabe o seu nome. Sei apenas que ele existiu. Provavelmente, não tinha um ideal ou valores tão fortes quanto os de João.

Não sei, talvez ele tenha escolhido viver sem deixar um legado ao mundo ou à família. Às vezes, você não precisa eternizar o seu nome, ou não quer e nem imagina que o mundo que você muda, pode mudar outros mundos para sempre.

Você escolhe o seu caminho, que pode ser leve ou pesado. A sua mente cria o que você quiser, basta determinar o cenário, os figurantes e todo o roteiro.

O poder tem a ver com sentir e viver aquilo que quiser. Você pode escolher. Aquilo que foi escolhido é o que você planejou. No dia em que entender que você é o único com o poder de acender ou apagar a sua luz, você vai brilhar.

Nunca se esqueça de que a gentileza retorna em forma de gentileza. Assim acontece com a abundância, e com a pontualidade. As oportunidades têm o seu próprio *timing.*

Se os seus sonhos estiverem somente alinhados com bens materiais ou em prol dos seus benefícios próprios, você não chegará aonde poderia chegar, devido ao egoísmo.

Mantenha uma mente de abundância e não de ganância ou de miséria. Entenda que é possível gostar de conforto e de coisas boas, mas não tenha isso como a sua prioridade, por não ser a sua principal missão.

Falo sobre servir e não apenas ganhar. Aprendendo isso, entendemos o significado da verdadeira riqueza que é a felicidade ao doar e ser grato. Ganhar é apenas uma consequência dessa missão.

Acorde, seja sábio, jogue fora seus velhos hábitos antes que o prendam em escravidão. A liberdade do mundo é a maior prisão de todas. Que possamos brindar e sorrir a cada desafio superado.

Vibre em outro estado e se planeje para o inesperado. Inspire-se e seja inspirador. O amor move montanhas e vence qualquer guerra. A sua e a minha. Viaje para dentro de si. Compreenda-se, aceite-se.

A tal liberdade não está fora, nem do outro lado do mundo, pois não se trata de poder ir aonde se quer. É sobre sentir tudo dentro de si mesmo. É olhar para os confinamentos impostos e enxergar oportunidades.

A viagem mais surpreendente de todas é aquela pela qual conhecemos a nós, sem vitimismo. Somos vítimas quando assumimos vínculos eternos com o próprio ego, característica de quem é egoísta.

Pense sobre isso, pois a vida muda na proporção da sua coragem. Permita-se! Às vezes, podemos ser a poesia na vida de alguém... Esse é o Plano:

Eu escolhi ser assim.
"Assim como, Fernanda?".
Assim!
E ponto.
Eu sou, não estou.
É simples!
Se você me conhece, não me enfrenta
Sou forte o suficiente
Para encarar o mundo.
Em um segundo
Consigo mudar tudo
E pronto.
Minhas lágrimas
Secam em minutos.
Não me permito sofrer,
Tenho sede por viver.
Entrego meu grande amor
A quem tem amor.
Um amor
Que jamais terá igual.
Prometo ser imortal.
Sou assim.
Simples assim.

O que você tem planejado para eternizar o seu nome?

Você tem escolhido o seu caminho?

O que você tem escolhido para si?

Você escolheu ser o quê? Como?

Seja sempre autêntico! 17

Seu passado faz parte de quem você é. Suas escolhas, sua história, suas derrotas. Tudo isso te fez chegar até aqui. De nada adianta passar por desafios se não entender as aprendizagens ao longo do caminho.

Basta incluir o significado da palavra empatia, que nada mais é do que se colocar no lugar do outro e sentir o que o outro sente. Saiba respeitar as pessoas, independentemente de quem sejam.

Mostre o seu caráter e seja sempre melhor. Olhe para além dos próprios interesses e não fique tentando passar por cima de tudo e de todos para satisfazer os próprios desejos.

A verdadeira felicidade é uma consequência, depois de muito esforço. Pessoas inconsequentes criam desculpas para as suas ações. Empatia implica em utilizar a consciência e agir com paixão, com emoção.

Deus nos deu o livre-arbítrio, temos sempre dois caminhos a escolher. Qual caminho você escolhe? Somente em um deles é que encontrará a empatia. Assuma o real controle de si, se deseja ter um mundo melhor.

Houve uma época em que a maior dúvida da minha vida era "Área do Emagrecimento ou Financeira?". Escolhi fazer tudo o que faço com dedicação e excelência. Decidi focar para ajudar centenas de pessoas a terem o controle de suas mentes.

Com a minha ajuda, vários conseguiram emagrecer. Por ironia do destino (ou não), em uma palestra, a vida me colocou na maior financeira do mundo para ajudar as pessoas com consultorias financeiras.

Dominei o assunto com os maiores e melhores treinamentos financeiros que existem no mercado, e hoje ensino as pessoas para além da prevenção de riscos ou da blindagem patrimonial.

Desejo que todos tenham um futuro digno, com uma vida financeira estável. Isso me tocou como uma missão. Se você não estiver em equilíbrio em todos os aspectos da vida, não saberá o melhor que ela pode lhe proporcionar.

A Educação Financeira tem sido para mim tão importante quanto foi ensinar o controle da mente para o emagrecimento. Hoje, posso dizer que ajudei a transformar a vida de centenas de pessoas e de famílias.

Mas agora, o Plano não é apenas Financeiro. Tudo isso eu devo às dúvidas que tive na vida e que me levaram para o caminho certo e para outro patamar.

Agradeço por ter escolhido o caminho certo e por poder ajudar a transformar a vida das pessoas e das suas famílias, não só as suas empresas.

Entenda que o poder de Deus está dentro de você e não fora. Meu mantra tem sido esse: "Eu faço. Eu mereço. Eu consigo". Tudo aquilo que o ser humano consegue, eu também consigo.

Às vezes, choramos, e precisamos ter em mente que a beleza da vida é inseparável da sua fragilidade. Temos um corpo forte e musculoso somente até deixarmos de tê-lo. Somos jovens, até deixarmos de ser. Andamos na rua e nos sentimos atraentes, até que um dia isso acabe.

Temos saúde, até que um diagnóstico nos deixe sem chão. A nossa única certeza é a incerteza e, mesmo assim, não convivemos direito ou de forma sustentável com essa fragilidade.

Precisamos nos preparar para o inesperado. O imprevisível acontece o tempo todo. Nós vamos envelhecer! Aceite, quando se sentir triste, lembrando que isso também é normal.

Vivemos na era do falso positivismo e dos sentimentos *fakes*. As pessoas fingem não sentir nada, e quase nos forçam a viver uma vida sem nenhuma desavença.

Você pode estar triste, sim, só não pode deixar a tristeza controlá-lo. Assuma o controle da sua vida. Chore, pare, pense, analise, tire proveito de toda e qualquer situação que o faça crescer ou ser melhor.

Chorou? Tudo bem. Levante-se, lave o rosto e agradeça por mais uma experiência. Erga a si mesmo. Nada... e nem ninguém vai acabar com você! Algumas situações, às vezes, podem até nos abalar, mas sabemos que é preciso saber cair.

Caiu? Levante-se, cada vez mais forte! Depois de passar por algo muito difícil, lembre-se de sorrir. Eu sempre quis fazer algo que transformasse de verdade a vida das pessoas, mas não sabia exatamente o quê.

Então entendi que, quando alinhamos nossa paixão com nossa missão de vida, não tem outro caminho que não seja o reconhecimento. E foi o que eu fiz. Cada puxão que a vida me deu acabou me trazendo até aqui e me moldando.

Hoje, sou assim e faço tudo isso, porque me sinto realizada com as mensagens e depoimentos que recebo, feliz por ajudar a melhorar várias vidas.

Todos nós podemos ser os melhores no que fazemos, porque sempre há um tempero especial, capaz de fazer a diferença na receita final. Uma mesma receita de torta, por exemplo, pode ter diversos sabores e todos podem ser deliciosos, mas diferentes e únicos!

Você deve utilizar a sua intuição e colocar em prática os seus desejos mais profundos. Coloque todo amor naquilo que você faz ou no que deseja fazer e vá aplicando, colocando o que aprendeu em prática.

Assim, você será o melhor no que faz e todos saberão disso, principalmente os críticos. Pagará o preço: uns vão amar você, outros vão odiá-lo.

Você vai incomodar. Agradeça, e saiba que faz parte da jornada do herói. Receberá tanto elogios quanto críticas, mas isso não importa. Transformar vidas é o seu maior prazer e, assim, estará cumprindo a sua missão.

O processo de transformação muda tudo. Você está pronto? Siga o Plano.

Você consegue sorrir?

____

____

Sente-se o melhor no seu segmento?

____

____

____

Há quanto tempo fez ou tem feito algo grande?

____

____

____

Do que você sente mais orgulho?

____

____

____

Você é reconhecido pelo quê?

____

____

Eu já vendi tudo que você possa imaginar, e também já tive vergonha de precisar vender. No fundo, sempre fui apaixonada por vendas, mas tentava ir contra a minha essência e, por isso, queria ter outra profissão.

Fiz Direito, Marketing e Nutrição. Trabalhei com reprogramação mental e atuava com excelência, mas nunca deixei de vender algo. Sou uma apaixonada por conectar dois mundos, sabendo que um vai ajudar o outro.

Amo resolver os problemas das pessoas, sabendo que a minha persuasão pode mudar vidas. Como já disse, me destacava em vendas, em todos os lugares em que trabalhei.

Hoje, com o Plano Zero, ensino a base, os passos que aprendi e as técnicas que desenvolvi para que cada um possa chegar onde quiser. O segredo, talvez, seja seguir em frente.

Você já pensou em desistir de chegar ao sucesso que busca? Os dias nem sempre são fáceis. Você vai ouvir muitos "*nãos*". Portas fecharão. Em algumas vezes, vai se sentir sozinho, mesmo no meio da multidão. Em outras, será preciso estar sozinho, de fato.

Escolher o sucesso não é para os fortes, e sim para os fracos. Quando sou forte, sou fraca. Mas quando assumo que sou fraca, me torno forte, porque não desisto.

Os fracos se levantam, se transformam em homens de valores e de princípios invioláveis. O sucesso não está no fim, como já falamos sobre isso. Está no trajeto, no curso, no caminho.

Qual é a graça de ser um bilionário arrogante, ou um homem de poder, sem ter o amor da família e o respeito daqueles que realmente importam? Você gostaria de ser um homem ou uma mulher de sucesso?

Você atrai as pessoas pelo que você tem? Ou elas só se aproximam de você pelo que você é? Sucesso não é apenas ter dinheiro, isso é parte do processo. Sucesso envolve amor, transformação, satisfação pessoal e bem-estar.

É sobre ter uma missão maior do que você, e ser imparável, nos bons e nos maus dias, sem abrir mão dos seus valores. Existem planos maiores na sua vida, e os dias difíceis estão ajudando a moldá-lo para o que está por vir.

O seu sucesso vai ser muito maior pela pessoa que você está se tornando nestes dias. Use suas lágrimas, as suas dores e dobre os joelhos, coloque-os no chão. Peça ajuda, sabedoria e discernimento.

E continue. Esse é o Plano. O Nosso Plano. O Plano Zero. Lembre-se que ser imparável vai além da clássica frase "Como lucrar R$ 100 mil por mês com vendas?".

Sucesso envolve o ecossistema em que você está inserido, afinal, somos a média das 5 pessoas com quem convivemos. *Networking* não é apenas para milionários ou bilionários.

As boas conexões ocorrem por aí, no Brasil e no mundo, o tempo todo. Há muitos que são conhecidos por elevarem pessoas, empresas e carreiras, multiplicando as vendas aos seus múltiplos milhões.

Mas *networking* está mais para as conexões reais do que para os lucros. Eu sempre ajudei as pessoas a virem para esses ecossistemas e a aumentarem as suas vendas, tendo noção do seu próprio valor.

Se o seu negócio é a média do seu *networking*, então recomendo fortalecer a si mesmo, buscar o autoconhecimento, ter fé, ser ousado, elevar a sua energia e se conectar com o Sagrado.

Depois disso, você acabará se conectando com as pessoas certas, por meio dos sinais do Universo. O Plano Zero nos leva, necessariamente, à participação em algum grupo de *networking*.

Para aumentar e blindar a minha *network*, transformando-a em assertiva, eu fiz tudo isso. Participei, e ainda participo, de grupos de *networking*, em que estão as pessoas do meu interesse.

São grupos com os quais eu me conecto e acabo fazendo negócios. Eles me levam às pessoas certas, que acabam sabendo mais sobre mim, e eu mais sobre elas.

O aumento das conexões faz com que o *networking* aumente e, consequentemente, isso gera o aumento das vendas. Faça parte de bons grupos de *network* e pague por isso, sem problemas.

Invista, pois isso dá retorno. Eu nunca saio de nenhuma reunião sem pegar ao menos um telefone, um novo contato, uma nova conexão, uma nova pessoa a ser conhecida ou um novo serviço.

Estamos sempre conectados com alguém, mesmo que você não venda para aquela pessoa. Em algum momento, vai surgir alguma conexão entre vocês, então salve esse contato e especifique na agenda.

Lembre-se sempre da dica de ouro: seja você mesmo, onde quer que esteja. Utilize o *rapport* verdadeiro. Sou a favor das conexões de verdade, pois aquilo que une as pessoas é o que elas têm em comum.

Não se conecte pela sintonia da mentira. Eu sou contra isso. Encontre um ponto em comum entre vocês e use a sua verdade. O seu *networking* real só tem a ganhar e aumentar com as boas conexões.

As suas vendas crescem quando você faz parte de bons grupos. Conecte-se, pegue o telefone e ligue para a pessoa no dia seguinte.

Já desistiu alguma vez?

____

____

____

O que o motiva a não desistir?

______

______

______

______

Como estão as suas conexões?

______

______

______

Você se conecta com grupos de *networking* que tenham a ver com o que seu produto ou serviço possa resolver?

______

______

Nas suas conexões, você tem sido você mesmo?

______

______

______

Aliás, QUEM É VOCÊ?

______

______

______

O que é sucesso para você?

____

____

____

O que você faria se fosse um bilionário?

____

____

____

As vendas e a neurociência 18

Existe uma mudança na cultura das vendas aqui no Brasil (e em todos os lugares). Ela ocorreu porque percebemos que somos seres humanos, e possuímos dentro de nós o Eu maior e o Eu menor.

Temos a escolha, o livre-arbítrio, e esses "dois Eus", dentro de nós. É preciso saber escolher o caminho certo, que é o de Deus, e não o errado, que alguns chamam de "o do Diabo".

Quanto mais conectados estivermos com Deus, mais rápido escolheremos o que é certo ou errado. O caminho de Deus está ligado a sermos corretos em nossas atitudes.

É muito fácil sermos corrompidos nas nossas missões quando começamos a vender algo nosso, ou quando somos atraídos para vendermos algo de outra pessoa, nas nossas missões.

É preciso ter ética sempre, nas vendas e na vida. Eu mesma não tive essa maturidade de escolha. Uma vez, acreditando que a intenção era boa, quase cheguei a trabalhar em um lugar que não era tão bom assim, embora oferecesse grandes valores financeiros.

Estarmos alinhados com os nossos valores e princípios é algo fundamental para não comprometermos as nossas crenças. Faça o que é certo sempre, de acordo com as suas crenças, independentemente do que isso te custar.

Não comprometa aquilo que você acredita para se envolver com empresas que apenas realizam os desejos do mundo. Venda as suas coisas, serviços e os seus produtos, pois eles são valiosos.

Reconheça que as pessoas estão precisando desesperadamente de bons negócios e de boas empresas. Lembre-se de que as pessoas devem ser mais importantes do que os produtos, finanças, fama, poder ou aquisições.

Olhe para os seres humanos, para os outros e aqueles ao seu lado sempre com muito amor, como se fosse olhar para você mesmo. Faça uma pesquisa e certifique-se de que a pessoa que está do outro lado não é qualquer pessoa.

Antes de considerar trabalhar ou indicar alguém, não sofra como eu. Confiei, sem poder ter confiado. Caráter, qualquer um parece ter. Aprendi muito quando cometi esse erro.

Essa dica de ouro é para que você coloque como pilar na sua vida esse reconhecimento, mas não pela dor, como eu. Mantenha-se firme com a sua integridade, confiança e com o seu caráter.

As suas "não vendas" talvez tenham a ver com algum tipo de preconceito. Às vezes, não conseguimos vender nossos produtos ou serviços porque algum dia, alguém, pode ter faltado com a verdade conosco.

Algum mau caráter pode ter mentido e ferido nossa confiança, nos enganando com a sua venda e gerando em nós essa crença. Quando somos enganados, acabamos permitindo que haja objeções. Sempre há todos os tipos de pessoas em qualquer profissão, então precisamos estar atentos.

Outro item importante, relativo às vendas é a maneira como nos apresentamos, não só na primeira vez, mas principalmente, no primeiro contato.

Sempre que tivermos a oportunidade de conversar com algum comprador em potencial, seja um grande empresário ou parceiro, vale a pena deixar algum gatilho de curiosidade sobre você, seu serviço ou seu produto.

Ficando na mente dele, você mantém o interesse. Sendo claro, objetivo e impactante com o seu cliente, você efetiva vendas, pois convence quanto ao que faz.

Convertendo a necessidade da pessoa para quem você vende em atitude, comprarão de você, pois sentirão sede de você e daquilo que você tem a oferecer ou vender.

Seja impactante e nunca aja da mesma forma que os outros concorrentes. Sempre há um outro, e não importa se ele é mais conhecido do que você ou atuante no mercado há mais tempo.

Para convencer alguém a comprar algo, será preciso provar que você é melhor, mesmo que talvez não seja tão famoso ainda. Seja um bom ouvinte. Ouça mais, em vez de apenas sair falando.

Um bom vendedor é um bom conversador, um que investiga, ouve, escuta atentamente as necessidades e entende o cliente. Faça perguntas e procure especificar exatamente o que ele busca.

Entendendo os objetivos e os desejos do cliente, você pode começar a apresentar o seu produto, com base naquilo que vai suprir para o seu cliente.

Uma técnica que eu uso muito é o Retorno Sobre Investimento (ROI), que é sobre os benefícios que o seu cliente terá com o seu produto ou serviço. Depois, faça com que a pessoa visualize, e imagine os lucros que você trará à vida dela.

Tudo isso ocorrerá naturalmente, por meio do *rapport* verdadeiro. A comunicação persuasiva existe, mas a empatia vem pela conexão real. Na hora em que você for apresentar as suas ideias, procure manter uma mensagem simples.

Evite falar muitas vezes. Crie processos de confiança mútua. Isso é de extrema importância. Procure estabelecer indicações e mantenha o entusiasmo em alta, não entrando na energia baixa do cliente. Traga-o para a sua vibração.

Para passar credibilidade, não exagere e não reclame. Tente quebrar as objeções. Lembre-se de que falar mais não vai garantir o fechamento da sua venda.

Toda vez que o seu cliente vier com um "não", não foque no seu produto, esqueça-se disso e foque no cliente. Mostre a ele a resolução de cada problema que você poderá ajudar a resolver.

Quanto ao resto, mantenha o sorriso no rosto, mostre que a sua receptividade e a sua convicção falam mais do que toda a infinidade das palavras. As pessoas estão cansadas de serem recepcionadas por vendedores que falam e falam.

Não fale demais sobre o seu produto. Acredite, o cliente também quer falar. Enchê-lo de informação não é o melhor caminho, mas, do contrário, se você tem uma atitude que transborda certeza, ou seja, se aquilo que você vai oferecer é o que o seu cliente precisa, boa parte da venda está garantida.

Antes de partir para a venda, desenvolva a fé em si e no seu produto e tenha coragem para quebrar qualquer objeção. Guarde isso na mente e no coração, e esteja pronto para vender, sem precisar falar muito.

Você só consegue uma venda quando investe em um relacionamento com o cliente. O mesmo ocorre na revenda. Mais difícil do que vender, é vender pela segunda vez. Todo mundo gosta de atenção, e o seu cliente não é diferente. Por isso, invista em uma estratégia de pós-venda, como uma mensagem por WhatsApp, um e-mail ou uma ligação.

O importante é estar em contato com o seu cliente. Saiba vender todo dia, mas não se torne um vendedor chato, pois ao invés de gerar relacionamento, você pode ser bloqueado.

Acima de tudo, seja você mesmo e entenda a dor do seu cliente. Entregue as soluções e seja sincero. Existe uma conexão entre você e o seu cliente. Sinta essa energia e jamais prometa algo que não será capaz de cumprir.

Escute mais do que fala. Não fale sobre valores na primeira

reunião. Procure entender o que você possui em comum com o seu cliente. Não prometa o que não vai cumprir e blinde todo e qualquer risco que possa acontecer antes e depois da assinatura do contrato.

A venda sempre começa na sua mente. Todo bom vendedor quer alcançar o sucesso, superando as suas metas e, para isso, estuda e aplica todas as estratégias para conquistar o cliente.

Isso é perfeito e tem que ser feito, mas antes de pensar em estratégias para convencer o cliente, que tal focar na sua programação mental como vendedor? Quando você acredita no seu potencial e tira as travas mentais, começa a acreditar que pode vender qualquer coisa.

Não importa o produto, mas o seu potencial. Destrave o vendedor que há dentro de você. Suba a sua frequência e veja as conexões começarem a acontecer. Não corra atrás das pessoas, mas vibre na frequência delas ou as atraia com a sua alta vibração. Afinal, você já sabe com quem deseja se conectar.

Sua mente tem o poder de governar o seu corpo, a sua fala e as suas atitudes. Tudo começa a partir do momento em que você acredita que "aquela venda NÃO vai dar certo "ou" que você NÃO é capaz."

Se você fizer uma mentalização ao acordar, dizendo a você mesmo que o seu DIA será incrível, que as suas vendas serão certeiras e que você é o melhor vendedor do mundo, não desacredite: VOCÊ É!

Eu aprendi ao longo da minha carreira o quão poderosa nossa mente é. Eu consigo, todos os dias, e você também consegue, basta saber como utilizar esses comandos. Os seus pensamentos geram resultados e isso não é papo de vendedor. Isso é ciência, ou melhor, é neurociência. E lembre: a missão não tem preço. No fim das contas, tudo é uma linda troca de energias, de amor e de gratidão por meio do outro.

O fim é sempre um novo começo 19

A vida é perfeita. O tempo faz com que consigamos enxergar por uma nova ótica tudo o que passamos e, como um filme, a cada vez que assistimos, entendemos algo novo. E, assistindo o filme da minha vida, eu escrevi uma carta para entregar para Fernanda quando ela tinha quatro aninhos de idade e que compartilho com vocês a seguir.

Fê,

"Seja forte! A vida vai bater! Você vai experimentar a infância rica, mas não vai acreditar nas dificuldades que virão na adolescência, e por uma boa parte da sua juventude. Você receberá um presente para testar a sua ***FÉ****!*

Você ficará sozinha por muitas vezes. Isso não significa que não é amada por mim, pela sua mãe e pela sua avó, mas significa que você estará sendo treinada para um dia ensinar algo grandioso, que Aquele que te criou lhe entregará como missão. Elas também ficarão tristes por não terem como ajudar nessa fase, mas todas se fortalecerão na fé e se alimentarão do Espírito, Daquele que vai te dar esse Treinamento. O treino aqui é sobre ***FORÇA E GRATIDÃO****.*

Vai ter uma época em que tudo vai faltar. Você experimentará o deserto. Vai faltar dinheiro até mesmo para pegar um ônibus e para um lanche barato e você não vai ter para quem pedir ajuda. Por vezes, não vai dar nem mesmo para pagar os almoços, e nesse momento, estará fazendo um estágio sobre **HUMILDADE.**

Você vai procurar quartos para morar pelo jornal e, nessa época, ainda não existirão os smartphones (eles mudarão tudo!). Você vai chorar sentada e desnorteada em um banco, em um lugar em que você não conhecerá nada, nem ninguém. E nesse momento da sua ira, estará nascendo a sua **CORAGEM** *que, em alguns anos, será promovida à* ***Ousadia.*** *Tente sorrir Fê, você vai precisar disso para sair de outras situações.*

Você vai morar com todos os tipos de pessoas e em vários lugares muito ruins! E muitas vezes vai pensar: "Quem diria? Eu, que na infância fui uma criança que tinha tudo, que estudei em uma Escola Americana, que tive a oportunidade de ter uma educação na infância que poucos tiveram, por que comigo, Deus?" ***E, ao fazer essa pergunta, você continuará por muito tempo no Treinamento, porque não entendeu nada, ainda!***

"Meu Deus! Eu fui uma criança que era vizinha do jogador Pelé, meu padrasto construiu o prédio em que eu morava e que pessoas milionárias moravam, eu não precisava passar por isso!"

E foi quando senti Deus me responder: ***"Você ainda se faz de vítima e tem pouca fé. Não entendeu a sua missão aqui no mundo porque não está pronta para ela. Não é grata o suficiente e acha que merece mais do que os outros por não ter nascido na pobreza. Você, desde criança, olhava para favelas e para periferias com medo e desdém. Você falava, quando era criança, que nunca ia morar em lugares feios e ruins, e achava que pessoas pobres, que não tinham as mesmas condições que você, não eram boas, e esse Treinamento vai quebrar todas essas suas crenças. Por isso, ainda farei com que você trabalhe em uma grande multinacional americana, que você não saberá em princípio, mas o meu propósito será fazer com que você precise vender para pessoas nas favelas. Farei você entrar lá dentro por*** *muito meses, mas você terá que ir apenas quando eu mandar, por determinado tempo. Quando eu falar para você não ir, terá que me obedecer, porque estarei cuidando de você. Você vai sentir medo, vai se perder lá dentro, por muitas vezes. Testarei sua FÉ e sua OBEDIÊNCIA por mim.*

Lá, quero que aprenda a ouvir histórias dessas pessoas, comer na casa humilde delas com gratidão, e que sinta amor por elas. Entenderá que ali moram mais pessoas boas que fazem o bem, do que pessoas más, e vai entender que a mentalidade de fazer o mal e o que não é certo não tem a ver com classe social, e nem mesmo com elas, mas com um grau de consciência a respeito do que é vida. Elas vivem em um Sistema que deve ser quebrado. Não só elas. Você ainda vive uma parte da vida dentro desse Sistema. Mas lembre-se, nesse Treinamento, me obedeça! Falarei a hora em que deve se movimentar e quando for para ficar quieta. Contarei para você o grau de cada movimento e de cada caminho. Basta ficar atenta.

Fernanda, sua missão estará ligada a todas as pessoas, a todas as classes sociais e, em um momento oportuno, quando estiver pronta, eu te contarei!

Chegará um dia em que você precisará buscar a assinatura de um contrato de vendas em uma periferia nessa Multinacional Americana, que está trabalhando como executiva de vendas, e se destacando todos os meses. Eu vou falar para você não ir, porque sei que ali você estará em perigo, mas você não vai me escutar. Vai obedecer ao seu chefe e à sua ganância em bater a meta nessa empresa todos os meses e estar entre as primeiras. Você não entendeu ainda que precisará me obedecer para se destacar, não será pela sua força Fernanda, mas pela Minha! Eu falarei e você escutará, mas não me obedecerá. Falarei: Não vá hoje, vá por outro caminho que terá paz. Fernanda, isso não é OUSADIA, isso se chama REBELDIA! Achei que estivesse chegando ao fim do Treinamento, mas estou vendo que você não quer acabar. Então, já que não quer me ouvir, você tem o livre arbítrio de querer escutar quem quiser. Até aqui eu estava cuidando

de você. Eu não vou te abandonar, mas não falarei mais com você, já que não me escuta. Quando quiser, a hora que quiser e quando quiser verdadeiramente seguir minhas ordens, estarei aqui, para você. Eu queria te poupar do que sei que vai acontecer, mas você não quis me ouvir. Eu te amo e darei ordem para não morrer. Já disse que você ainda tem uma grande missão para cumprir aqui, que pena que você está atrasando a execução. Boa sorte!"

E então Fê, nesse dia você desobedecerá e irá. E será muito traumático.

Você chegará no local, estacionará seu carro e então tocará a campainha. Vão demorar para atender e, quando você estiveer indo embora, escutará um grito: "ENTRA, TÁ ABERTO!".

Você vai sentir algo falando para você não entrar e, mesmo assim, você entrará!

Você entrará por um portão, passará por uma garagem bem desarrumada, e observará que, na lateral da garagem, existe outra passagem, como se tivesse uma outra casa nos fundos dessa casa.

Logo à frente, verá uma porta meio aberta para você entrar na casa.

Bem devagar, você entrará e verá uma sala, mas não verá ninguém ali. Você dará três passos com muito medo e verá um sofá, uma mesa, uma televisão gigante e uma cozinha americana, e falará: "Olá! já estou aqui!". E ninguém responderá.

O ambiente é escuro. Você pegará o seu celular e encaminhará uma mensagem para seu chefe que falou para você ir: "Posso estar em perigo! Minha bateria está acabando. Estou nesse local, encaminhará o endereço e, em seguida a mensagem enviada, acabará a bateria do seu celular.

Nesse momento, você decidirá ir embora, mas ao se virar para a porta que entrou, verá um homem moreno, com uma cicatriz bem marcada entre a testa e a boca, parado em frente a porta e trancando-a em um movimento lento. Ele retirará a chave e colocará dentro da cueca. Ele estará sem camisa, apenas de cueca, e vai falar: "Tô aqui, mocinha, te olhando!"

Você nunca sentirá tanto medo, e a primeira coisa que pensará é: "Porque eu não me escutei, eu senti que não era para eu vir! DEUS, ME AJUDA! DEUS, ME AJUDA! DEUS, ME AJUDA! SENHOR, ME AJUDA"

Você olhará para os olhos dele, fingindo não ter prestado atenção que ele estava quase nu, e com firmeza e coragem, como se nada estivesse acontecendo, você falará: "Tudo bem com o senhor? Vim buscar sua assinatura para aquisição das três linhas telefônicas! O Senhor me empresta seus documentos, por favor, e assina aqui, por gentileza?".

Ele, com uma cara de assustado, pensará: "Como assim? Ela não está com medo?. Não notou que estou despido?".

"Ah, Fernanda, minha filha amada! Eu, assistindo isso, pensei: 'Ela está quase pronta, desenvolveu muita coragem, muita ousadia, ela tem amor por mim, fé em mim, mas não o suficiente para me obedecer. Precisa desenvolver a última chave para eu entregar a ela a sua missão!'"

E, então, ele falará: "Você quer uma cerveja, antes de eu assinar? Senta aí, relaxa um pouco!"

E você dará um passo para ficar mais longe dele e, com a voz mais firme que possa existir, e olhando dentro dos olhos dele, falará: "Senhor, meu único objetivo aqui é a assinatura do contrato das três linhas que você solicitou. Estou sendo rastreada pela empresa que trabalho. Eles nos veem 24 horas, em tempo real, e sabem que estamos aqui, neste exato momento. Falo "estamos" porque estou acompanhada do meu gerente da empresa e do meu supervisor, que estão estacionados aí na sua porta. Como ainda estou em treinamento na empresa, um ou outro sempre me acompanha nas visitas, mas, hoje, estão os dois, porque em 30 minutos temos que estar em uma reunião de um cliente muito importante, e você está nos atrasando. Já era para a gente ter saído aqui da sua casa! Olha aqui, estou vendo aqui no celular que eles estão no seu portão pedindo para abrir. Então, vamos agilizar logo isso, e abra o portão para eles, porque já aconteceu em outra ocasião do *meu supervisor ter que arrombar a porta... Assina aqui, por gentileza!... "Alô, oi! Está tudo bem sim! O Sr. Carlos está assinando o contrato e já vai abrir o portão para vocês!"*

Ele pegará a caneta da sua mão, e assinará. Pegará a chave, abrirá a porta e falará: "Pode ir, não quero eles aqui!".

Você sairá correndo dali, entrará no carro e sairá em uma velocidade que jamais dirigiu antes! Rasgará o contrato, vai chorar, agradecendo a Deus e pedindo muito perdão!

Sabemos que poderia ter sido evitado, mas foi bom para aprender. A segurança da empresa e a polícia cuidarão desse moço depois.

O tempo vai passar, e você se transformará em uma pessoa que se adapta a qualquer situação. Você terá que trabalhar em dois empregos para conseguir se sustentar. Você vai bater em muitas portas e receberá muitos NÃOS, e então, estará treinando sua **ENERGIA!**

Aos 22 anos, tudo o que você possui, que são roupas, sapatos e seus livros de Direito, serão roubados na pensão humilde que mora, e você ficará literalmente com uma mão na frente e outra atrás. Mas Fê, não se preocupe, você ativará aqui a Mulher **IMPARÁVEL,** *que vai precisar se tornar para exercer sua missão lá na frente.*

Por muitas vezes, você se sentirá a vítima da história, porque ainda não sabe que o único herói da sua vida é você mesma e, enquanto pensar assim, nada vai mudar. Mas a vida não vai desistir de você, dando a oportunidade de se tornar **OBSTINADA** *para realizar seus sonhos.*

Eu vejo você contar nos dedos os amigos que restarem desse tempo e esses serão os verdadeiros. Muitos vão achar e dizer que você não consegue, que não é capaz. Vão te enganar, porque você ainda não consegue enxergar a maldade cruel do mundo Mas será um treino para, um dia, decifrar as pessoas, conhecê-las por cada gesto, olhar e palavras e aqui se transformará de corajosa, para uma das mulheres mais **OUSADAS** *da sua geração e assim, um dia, não terá mais medo de conhecer a maldade do* *mundo e saberá se defender dela, aonde quer que esteja.*

Quando você tomar a rédea da sua própria vida e disser "chega!", vão te julgar. Farão isso sempre. Ou você aprende a lidar com a situação, ou vai viver para agradar aos outros.

Você também vai julgar muito e vai sofrer na própria pele, por todas as vezes em que apontou o dedo. Mas vai aprender para um dia ensinar, através de um **Plano,** *que ninguém deve julgar, nem mesmo quem julga. Tenha compaixão, porque entenda que eles não sabem fazer diferente, assim como você talvez ainda não saiba e está sendo treinada.*

Será uma mulher com fé, com energia, ousadia, obstinada, imparável, entusiasmada, grata e cheia de amor. Terá sede de ser cada vez melhor e de ajudar outras pessoas a serem melhores. Mas ainda faltará algo para você cumprir o seu Chamado.

Você vai tomar tantas decisões erradas e, apesar de já possuir um coração de amor e humildade para reconhecer seus erros, negará durante muitos anos a Chave-Mestra da perfeição para parar de errar e tomar decisões assertivas: a **SABEDORIA**. *Mas, um dia, com as sete trombetas, que assim como trovões tocam no céu, você será tocada pela consciência divina e transbordará a última chave que faltava em você para exercer o seu legado. E, a partir do encontro, receberá a profecia de que tudo o que ligar aqui na Terra, será ligado ao Céu, e tudo aquilo que for ligado ao Céu será ligado à Terra e, então, o seu projeto:* **O Plano Zero - A Física das Vendas,** *estará pronto para você lecionar pelo mundo.*

Então, por isso me escute: Olhe para frente! Pessoas incríveis começarão a aparecer quando você mudar seu sentimento, porque elas estarão vibrando na mesma frequência que você.

Aproveite cada segundo. Anote tudo. Usará as anotações para escrever vários livros com o Plano Zero. Terá uma filha linda e aprenderá coisas novas com ela todos os dias. Realizará cada um dos teus sonhos e nada vai te faltar. Prometo, ainda, uma familia como sempre sonhou. Será feliz em todas as áreas de sua vida, porque você estará pronta para colocar à frente a sua PRINCIPAL missão: Ajudar as pessoas a enxergarem o que você enxergou e, através do Plano Zero, ensiná-las a venderem a sua missão de vendas aqui nesta Terra.

Continue, não pare. Você está indo bem. Eu te amo! Seja feliz! Deus te fez perfeita! Medite em Coríntios 6:12.

Obrigada, por tudo...

Com amor, Fê."

E, de toda ciência de vendas deste livro, de toda Física, estratégia ou experiência, sem amor, de nada valeria. Então, com muito amor por você que me despeço e entrego o último PLANO que deve cumprir aqui.

Que você carregue esta carta a cada "não" que escutar, a cada dificuldade que tiver e a cada vez que pensar em parar.

Chegou a sua vez: escreva uma carta para você mesmo. Quero que, antes de iniciar, você pegue ou esteja perto de um espelho, ou se não tiver um por perto, pode ser a câmera do seu celular. Se for usar o celular, coloque-o em modo avião.

Lembre-se de você quando tinha cinco aninhos de idade. Com quem você morava? Pai, mãe, avós, tutores? Como era sua casa? Tente lembrar de algum brinquedo e comida que gostava.

Se você fechar os olhos, depois que ler essa frase, do que consegue lembrar, que dá muitas saudades dessa época? Feche os olhos e se lembre.

Agora, abra os olhos e olhe para os seus olhos no espelho ou no celular. Esses são os mesmos olhos daquela criança de 5 aninhos, que só queira ser amada. Aquela criança ainda está aí.

Olhe com amor para os olhinhos dela e faça uma promessa para ela.

Escreva uma carta para ela, assim como eu fiz. Dê conselhos que ela precisa saber, porque ainda não enxerga o que você

consegue ver, e prometa cuidar dela, acima de qualquer outra pessoa.

Todos os dias, quando for para a luta, quando ouvir mais um "não", quando se sentir sozinho, pense nela. Ela merece muito amor, não merece? E merece realizar cada um dos seus sonhos. Então, realize para ela. Coloque a Entropia para transformar o futuro dela agora.

Escreva aqui e, se quiser depois postar no #oplanozero, farei questão de eu mesma ler e escrever para você.

Considerações Finais

Muito mais do que ter sucesso com um número que planejou, é ter sucesso transformando vidas, resolvendo problemas, impactando pessoas, dando o seu melhor como agradecimento da perfeição por toda máquina e de como ela funciona.

E não me refiro agora à máquina de vendas, mas a máquina da perfeição: a vida.

Que, ao final deste livro, você consiga perceber que, antes desse sistema automático que criamos de trabalhar, vender, criar, querer mais, precisar de mais, aumentar as metas, cobrar, aumentar a produção, ganhar mais dinheiro e realizar seus sonhos, antes disso tudo, existe um propósito para você.

Que você perceba que, segundo as leis atuais da Física, se a Terra parasse de girar, carros, casas, sua casa, seu prédio, nosso dinheiro, pedras, árvores, eu, você e tudo que não estivesse preso às camadas rochosas, seria sugado pela atmosfera.

Você vai entender que existe um movimento perfeito da natureza pela Física. Movimento esse que, pode parecer desordenado, mas ele, na verdade, é o caminho para sua ordem.

Porém, você pode escolher qual movimento seguir e, dessa maneira, encontrar a ordem ou cada vez mais desordem.

Algo estranho teve a ideia de criar você e introduzi-lo em um bola revestida de sangue, através de uma gosma microscópica, permitiu que você respirasse, se alimentasse e, por aproximadamente nove meses, sobrevivesse do sangue de outro ser humano, mesmo sem seus pulmões e sistema digestivo funcionarem.

Mas, muitas vezes, não paramos para lembrar e pensar na perfeição da máquina porque estamos ocupados demais com outro sistema.

Que, antes das vendas, você consiga parar por um segundo e lembrar que "alguma coisa estranha" fez uma máquina que fornece água e ar para sobrevivermos, alimentos perfeitos para nosso metabolismo funcionar, formou-nos com inteligência, com todo ato de amor e com os sentimentos de raiva, medo, alegria, tristeza. E que, inclusive, liga-nos a pedaços da nossa hereditariedade de milhares de anos atrás e, ah sim, isso acreditamos, porque a medicina comprovou.

Desejo ainda que este livro consiga lembrar que você pode achar que manda em muita coisa, e pode até mesmo mandar. Você pode ser um rei, uma rainha, um presidente. Você pode e deve conquistar terras, dominar todo poder, muitos milhões que a vida abundante que vivemos tem para proporcionar, mas, se não entender que o maior segredo de ter todo o conhecimento, vendas e abundância está em fazer a vida de outro ser humano melhor, eu indico que leia novamente.

Todos nós estamos sob a mesma esfera de vulnerabilidade. Se hoje você tem a oportunidade de ter sido mais sábio em algumas questões, e por mérito, encontra-se em um lugar melhor do que outras pessoas, pare de viver apenas no sistema e sinta o prazer que é poder fazer a vida de outro ou de outros seres humanos melhor. Isso sim é o que chamamos VENDAS!

Desejo que você pense no que você pode ser melhor para o mundo.

O que você pode vender e entregar para outras pessoas, que pode impactar e transformar o mundo que você habita, que, afinal, é o mesmo que o delas.

O que você vender para outra pessoa, vai impactar direta ou indiretamente a sua vida, a dos seus familiares e das próximas gerações.

Vamos entender o que você veio para cumprir com seus dons e vender para ser grato por tudo que foi presenteado a você: sua própria vida, para que outras vidas continuem em um mundo melhor.

Que o Plano Zero transforme a cultura de vendas desta e das próximas gerações.

Com amor,
Fernanda Scatolin
#oplanozero